MARCO ⊕ POLO

UNGARISCH

Sprachführer mit Insider-Tips

W0180950

MAIRS GEOGRAPHISCHER VERLAG

INHALT

INHALT

Titelbild: IFA Bilderteam / Förster, München;
S. 66, 67: Ali Mitgutsch „Komm mit ans Wasser", „Rundherum in meiner Stadt"
© Ravensburger Buchverlag Otto Maier GmbH

1. Auflage 1996 © Mairs Geographischer Verlag, Ostfildern
© auf der Basis PONS Reisewörterbuch Ungarisch
Copyright Ernst Klett Verlag für Wissen und Bildung GmbH, Stuttgart 1992
bearbeitet von Agnes Polgár und Geza Koczoh
Redaktion: Ernst Klett Verlag für Wissen und Bildung, Stuttgart;
Mairs Geographischer Verlag, Ostfildern; Barbara Pflüger, Stuttgart; Agnes Polgár, München
Umschlaggestaltung: Thienhaus / Wippermann (Büro Hamburg)
Printed in Germany

Aussprache

Zur Erleichterung der Aussprache sind alle ungarischen Wörter und Wendungen zusätzlich mit einer einfachen Aussprache (in eckigen Klammern) versehen.
Die Buchstaben in der Aussprache werden ausgesprochen wie im Deutschen.

Das Alphabet

Buch-stabe	Laut-zeichen	Buch-stabe	Laut-zeichen	Buch-stabe	Laut-zeichen
A, a	[a]	J, j	[j]	Sz, sz	[ss]
Á, á	[ah]	K, k	[k]	T, t	[t]
B, b	[b]	L, l	[l]	Ty, ty	[tj]
C, c	[tss]	Ly, ly	[j]	U, u	[u]
Cs, cs	[tsch]	M, m	[m]	Ú, ú	[uh]
D, d	[d]	N, n	[n]	Ü, ü	[ü]
E, e	[ä]	Ny, ny	[nj]	Ű, ű	[üh]
É, é	[eh]	O, o	[o]	V, v	[w]
F, f	[f]	Ó, ó	[oh]	X, x	[kss]
G, g	[g]	Ö, ö	[ö]	Y, y	[i]
Gy, gy	[dj]	Ő, ő	[öh]	Z, z	[s]
H, h	[h]	P, p	[p]	Zs, zs	[sch]
I, i	[i]	R, r	[r]		
Í, í	[ih]	S, s	[sch]		

Abkürzungen

adj.	Adjektiv	*pl*	Plural
adv.	Adverb	*poss. pron.*	Possessivpronomen
Akk.	Akkusativ	*relig.*	Religion
Dat.	Dativ	*s.*	sich
jdm	jemandem	*sg*	Singular

Wie man Freunde gewinnt

Ja.	Igen. [igän]
Nein.	Nem. [näm]
Bitte.	Kérem. [kehräm]
Danke!	Köszönöm. [kössönöm]
Wie bitte?	Hogyan kérem? [hodjonn kehräm]
Einverstanden!	Egyetértek! [ädjätehrtäk]
In Ordnung!	Rendben van! [rändbän wonn]
Verzeihung!	Bocsánat! [botschahnott]
Ich möchte...	Szeretnék ... [ssärätnehk]
Gibt es ...?	Van ...? [wonn]
Hilfe!	Segítség! [schägihtschehg]

Wer?	Ki? [ki]
Was?	Mi? [mi]
Welcher/Welche/Welches?	Melyik? [mäjik]
Wem?	Kinek? [kinäk]
Wen?	Kit? [kit]
Wieviel?	Hány? [hahnj]
Wie?	Hogyan? [hodjonn]
Warum?	Miért? [miehrt]
Wo?	Hol? [hol]
Wann?	Mikor? [mikor]
Wie lange?	Mennyi ideig? [männji idäig]

KENNENLERNEN

GUTEN MORGEN/TAG!	JÓ REGGELT!/JÓ NAPOT! [joh räggält/joh noppot]
Guten Abend!	Jó estét! [joh äschteht]
Hallo!/Grüß dich!/Grüß euch!	Szia!/Sziasztok! *sg/pl* [ssio/ssiosstok] Szervusz!/Szervusztok! *sg/pl* [ssärwuss/ssärwusstok]
Wie ist Ihr Name, bitte?	Hogy hívják önt, kérem? [hodj hihwjahk önt kehräm]
Wie heißt du?	Hogy hívnak? [hodj hihwnock]

MEIN NAME IST .../ ICH HEISSE ...	... A NEVEM./... NAK/NEK HíVNAK. [... o näwäm/... nock/näk hihwnock]
Es freut mich, Sie kennenzulernen.	Örülök, hogy megismerhetem. [örülök hodj mägischmärhätäm]
Darf ich bekannt machen?	Szabad bemutatnom?
Das ist ...	Ez ... [äs] [ssobbodd bämutottnom]
Frau X.	... né. [... neh]
Fräulein X.	... kisasszony. [... kischossonj]
Herr X.	... úr. [... uhr]
Wie geht es Ihnen?	Hogy van? [hodj wonn]
Wie geht es dir?	Hogy vagy? [hodj woddj]
Danke.	Köszönöm. [kössönöm]
Und Ihnen?	És Ön? [ehsch ön]
Und dir?	És te? [ehsch tä]

Anrede und Begrüßung

Im Ungarischen folgt der Vorname dem Familiennamen.
Die traditionelle Namensführung der verheirateten Frauen: Nachname und Vorname des Ehemannes + -né, z.B.: Kovacs Gaborné.
Viele Frauen tragen den Familiennamen des Mannes + -né und den Geburtsnamen, z.B.: Kovácsné Kiss Ildikó.
Es gilt als formell, eine Frau mit dem Familiennamen anzureden.
Die Anrede *"kisasszony"* [kischossonj] (Fräulein) für ledige Frauen klingt sehr altmodisch.
Bei persönlicher Bekanntschaft redet man Frauen mit dem Vornamen an, unabhängig davon, ob man sie duzt oder siezt. Beim Siezen ist *"Ön"* [ön] höflicher als *"Maga"* [moggo]. Mit *"kezicsókolom"* [käsitschohkolom] werden Frauen höflich begrüßt.
Mit der Kurzform *"csókolom"* [tschohkolom] begrüßen Kinder die Erwachsenen.

Woher kommen Sie?	Honnan jön? [honnonn jön]
Woher kommst du?	Honnan jössz? [honnonn jöss]
Ich bin aus ...	... ból/ből jövök. [... bohl/böhl jöwök]
Wie alt sind Sie?	Hány éves? [hahnj ehwäsch]
Wie alt bist du?	Hány éves vagy? [hahnj ehwäsch woddj]
Ich bin 39.	Harminckilenc (éves vagyok). [horrminzkilänz (ehwäsch woddjok)]

JA, BITTE — IGEN, KÉREM [igän kehräm]

Darf ich Sie um einen Gefallen bitten?	Megkérhetem egy szívességre? [mäckehrhätäm ätj ssihwäschschehgrä]
Gestatten Sie?	Megengedi? [mägängädi]
Können Sie mir bitte helfen?	Tudna nekem segíteni kérem? [tudno näkäm schägihtäni kehräm]

DANKE! — KÖSZÖNÖM! [kössönöm]

Vielen Dank!	Nagyon köszönöm. [noddjon kössönöm]
Danke, sehr gern!	Köszönöm, nagyon szívesen. [kössönöm noddjon ssihwäschän]
Nein, danke!	Nem, köszönöm. [näm kössönöm]
Danke, gleichfalls!	Köszönöm, viszont. [kössönöm wissont]
Das ist nett, danke.	Nagyon kedves, köszönöm. [noddjon kädwäsch kössönöm]
Mit Vergnügen!	Örömmel. [örömmäl]
Bitte sehr./Gern geschehen.	Kérem szépen./Szívesen. [kehräm ssehpän/ssihwäschän]

ENTSCHULDIGUNG! — BOCSÁNAT! [botschahnott]

Das tut mir leid.	Sajnálom. [schojjnahlom]
Schade!	Kár. [kahr]

„Es hat noch Zeit"

... *"Ráérünk arra még"* [rahehrünk orro mehg]. Die Ungarn legen keinen allzu großen Wert auf Pünktlichkeit. Wenn Sie zu einer ungarischen Familie eingeladen werden, dürfen Sie sich trotz des vereinbarten Zeitpunkts noch etwas Zeit lassen.

Für die Mentalität gilt auch: Eile mit Weile! Der Dichter Sándor Petőfi ließ in einem Gedicht in der ersten Hälfte des 19. Jhds. den Edelmann Pál Pató sagen: *"Ej, ráérünk arra még"* [äj rahrehrünk orro mehg] (*"Keine Sorge, hat noch Zeit"*). Seitdem ist *"Pató Pál"* ein geflügeltes Wort für den ewigen Verzögerer.

WIE BITTE?

TESSÉK? [täschschehk]

Ich verstehe Sie/dich nicht.	Nem értem/értelek. [näm ehrtäm/ehrtäläk]
Bitte, wiederholen Sie/ wiederhole es.	Kérem ismételje/ismételd meg. [kehräm ischmehtäjjä/ischmehtäld mäg]
Bitte sprechen Sie/sprich etwas langsamer.	Kérem beszéljen/beszélj kicsit lassabban. [kehräm bässehjjän/bässehjj kitschit loschschobbonn]
Ich verstehe.	Értem. [ehrtäm]
Ich spreche nur wenig ...	Csak egy kicsit beszélek ... [tschock ätj kitschit bässehläk ...]
Schreiben Sie es mir bitte auf!	Kérem írja fel! [kehräm ihrjo fäl]

VERABREDUNG / FLIRT

RANDEVÚ / FLÖRT [ronndäwuh / flört]

Haben Sie/Hast du für morgen schon etwas vor?	Van már valami programja/programod holnapra? [wonn mahr wollommi programmjo/programmod holnoppro]
Wann treffen wir uns?	Mikor találkozunk? [mikor tollahlkosunk]
Sind Sie verheiratet?	Házas ön? [hahsosch ön]
Hast du einen Freund/eine Freundin?	Van barátod/barátnőd? [wonn borrahtod/borrahtnöhd]
Ich konnte schon kaum erwarten, Sie/dich wiederzusehen.	Alig vártam már, hogy újra lássam/ lássalak. [ollig vahrtomm mahr hodj uhjro lahschschomm/lahschschollock]
Deine Augen sind wunderschön!	Gyönyörű a szemed! [djönjöruh o ssämäd]
Ich liebe dich!	Szeretlek! [ssärätläk]

"Klassz" [kloss]

Sind Sie von Ihrem Urlaub so richtig begeistert? Dann finden Sie hier ein paar Ausdrücke, um das richtig „rüberzubringen":

klassz [kloss]	(prima)
remek [rämäk]	(großartig)
fantasztikus [fonntosstikusch]	(fantastisch)
nagyszerű [nottjssärüh]	(großartig)
óriási [ohriahschi]	(riesig)
őrület! [öhrülät]	(Wahnsinn!)
igenyes [igehnjäsch]	(anspruchsvoll – Modewort)
csodálatos [tschodahlottosch]	(wunderbar)
kitűnő [kitühnöh]	(ausgezeichnet)

Die ewige Treue

"Örök hűséget esküdtem, nem vakságot" [örök hühschehgät äschküttäm näm wockschahgot] *"Ich habe ewige Treue geschworen, keine Blindheit"* sagt der Ungar, der sich in festen Händen befindet, sich aber dennoch nach hübschen Frauen umdreht...

Ich habe mich in dich verliebt.	Beléd szerettem. [bälehd ssärättäm]
Ich auch.	Én is. [ehn isch]
Ich möchte mit dir schlafen.	Le szeretnék veled feküdni. [lä ssärätnehk wäläd fäküdni]
Ich will nicht.	Nem akarom. [näm ockorrom]
Hör auf!	Hagyd abba! [hoddjd obbo]
Aber nur mit Kondom!	De csak kotonnal! [dä tschock kotonnoll]
Hast du Kondome?	Van nálad koton? [wonn nahlodd koton]
Darf ich Sie/dich nach Hause bringen?	Hazavihetem/Hazavihetlek? [hosowwihätäm/hosowwihätläk]
Bitte geh weg!	Kérlek menj el! [kehrläk männj äl]
Verschwinde!	Tűnj el! [tühnj äl]
Lassen Sie mich bitte in Ruhe!	Kérem hagyjon békén! [kehräm hoddjon behkehn]
Hau ab!	Kopj le! [kopj lä]

AUF WIEDERSEHEN! **VISZONTLÁTÁSRA!** [wissontlahtahschro]

Bis bald!/Bis später!	Viszlát! [wisslaht]
Bis morgen!	A holnapi viszontlátásra! [o holnoppi wissontlahtahschro]
Gute Nacht!	Jó éjszakát! [joh ehjssockaht]
Tschüß!	Szia/Sziasztok! *sg/pl* [ssio/ssiosstok]

HERZLICHEN GLÜCKWUNSCH! **FOGADJA JÓKÍVÁNSÁGAIMAT!** [fogoddjo johkihwahnschahgoimott]

Alles Gute zum Geburtstag!	Minden jót kívánok a születésnapjára! [mindän joht kihwahnok o ssülätehschnoppjahro]

Viel Erfolg!	Sok sikert! [schok schikärt]
Viel Glück!	Sok szerencsét! [schok ssäräntscheht]
Hals- und Beinbruch!	Kéz és lábtörést!
	[kehs ehsch lahbtörehscht]
Gute Besserung!	Jobbulást (kívánok)!
	[jobbulahscht (kihwahnok)]

WO GEHT'S LANG?

Bitte, wo ist ...?	Hol van kérem a(z) ... ?
	[hol wonn kehräm o(s) ...]
Tut mir leid, das weiß ich nicht.	Sajnos nem tudom.
	[schojjnosch näm tudom]
Welches ist der kürzeste Weg nach/zu ...?	Melyik a legrövidebb út ...ba/be?
	[mäjik o lägröwidäbb uht ...bo/bä]
Wie weit ist es zum/ zur ...?	Milyen messze van a(z) ... ?
	[mijän mässä wonn o(s) ...]
Es ist weit.	Messze van. [mässä wonn]
Es ist nicht weit.	Nincs messze. [nintsch mässä]
Gehen Sie geradeaus.	Menjen egyenesen.
	[männjän ädjänäschän]
Gehen Sie nach links/ nach rechts.	Menjen balra/jobbra.
	[männjän bollro/jobbro]
Erste/Zweite Straße links/rechts.	Az első/A második utca balra/jobbra.
	[os älschöh/o mahschodik uzzo bollro/jobbro]
Überqueren Sie ...	Menjen át ... [männjän aht]
die Brücke.	a hídon. [o hihdon]
den Platz./die Straße.	a téren./az utcán. [o tehrän/os uzzahn]
Dann fragen Sie noch einmal.	Azután kérdezze meg még egyszer.
	[osutahn kehrdässä mäg mehg äzzär]
Sie können ... nehmen.	Mehet ... [mähät]
den Bus	busszal. [bussoll]
die Straßenbahn	villamossal. [willommoschscholl]
die U-Bahn	metróval/földalattival.
	[mätrohwoll/földollottiwoll]

10

ZEIT

PONTOS IDŐ [pontosch idöh]

Wieviel Uhr ist es?

Es ist genau/ungefähr ...

 3 Uhr.

 5 nach 3.

 3 Uhr 10.

 Viertel nach 3.

 halb 4.

 Viertel vor 4.

 5 vor 4.

12 Uhr mittag/
Mitternacht.

Hány óra (van)? [hahnj ohro (wonn)]

Pontosan/Körülbelül ... van.
[pontoschonn/körülbälül ... wonn]

    három óra [hahrom ohro]

    öt perccel múlt három
    [öt pärzzäl muhlt hahrom]
    tíz perccel múlt három
    [tihs pärzzäl muhlt hahrom]
    negyed négy [nädjäd nehdj]

    fél négy [fehl nehdj]

    háromnegyed négy
    [hahromnädjäd nehdj]
    öt perc múlva négy
    [öt pärz muhlwo nehdj]
    Dél van. [dehl wonn]/
    Éjfél van. [ehjfehl wonn]

Um wieviel Uhr?/Wann?

Um 1 Uhr.

Gegen 4 Uhr.

In einer Stunde.

Nicht vor 9 Uhr morgens.

Nach 8 Uhr abends.

Zwischen 3 und 4.

Hány órakor?/Mikor?
[hahnj ohrockor/mikor]

Egy órakor. [ädj ohrockor]

Négy óra körül. [nehdj ohro körül]

Egy óra múlva. [ädj ohro muhlwo]

Reggel kilenc előtt nem. [räggäl kilänz
älöhtt näm]

Este nyolc után. [äschtä njolz utahn]

Három és négy között.
[hahrom ehsch nehdj kösött]

Wie lange?

Zwei Stunden (lang).

Von 10 bis 11.

Bis 5 Uhr.

Mennyi ideig? [männji idäjig]

Két órát./Két óra hosszat.
[keht ohraht/keht oro hossott]

Tíztől tizenegyig. [tihstöhl tisänädjig]

Öt óráig. [öt ohrahig]

Seit wann?

Seit 8 Uhr morgens.

Seit einer halben Stunde.

Seit acht Tagen.

Mióta? [miohto]

Reggel nyolc óta. [räggäl njolz ohto]

Félórája. [fehlohrahjo]

Nyolc napja. [njolznoppjo]

abends	este [äschtä]
alle halbe Stunde	félóránként [fehlohrahnkehnt]
alle zwei Tage	két naponként [keht nopponkehnt]
am Sonntag	vasárnap [woschahrnopp]
am Wochenende	hétvégén [hehdwehgehn]
bald	hamarosan [hommorroschonn]
diese Woche	ezen a héten [äsän o hehtän]
gegen Mittag	dél körül [dehl körül]
gestern	tegnap [tägnopp]
heute	ma [mo]
in 14 Tagen	tizennégy nap múlva [tisännehdj nopp muhlwo]
innerhalb einer Woche . . .	egy héten belül [ätj hehtän bälül]
jeden Tag	mindennap [mindännopp]
jetzt	most [moscht]
kürzlich	nemrég [nemrehg]
letzten Montag	múlt hétfőn [muhlt hehtföhn]
manchmal	néha [nehho]
mittags	délben [dehlbän]
morgen	holnap [holnopp]
morgens	reggel [räggäl]
nachmittags	délután [dehlutahn]
nächstes Jahr	jövőre [jöwöhrä]
nachts	éjjel [ehjjäl]
stündlich	óránként [ohrahnkehnt]
täglich	naponta [nopponto]
übermorgen	holnapután [holnopputahn]
von Zeit zu Zeit	időről időre [idöhröl idöhrä]
vor zehn Minuten	tíz perccel ezelőtt [tihs pärzzäl äsälöhtt]
vorgestern	tegnapelőtt [tägnoppälöhtt]
vormittags	délelőtt [dehlälöhtt]

Den Wievielten haben wir heute?	Hányadika van ma? [hahnjoddiko wonn mo]
Heute ist der 1. Mai.	Ma május elseje van. [mo mahjusch älschäjä wonn]

WOCHENTAGE — A HÉT NAPJAI [o heht noppjoi]

Montag	hétfő [hehtföh]
Dienstag	kedd [kädd]
Mittwoch	szerda [ssärdo]
Donnerstag	csütörtök [tschütörtök]
Freitag	péntek [pehntäk]
Samstag	szombat [ssombott]
Sonntag	vasárnap [woschahrnopp]

MONATE — HÓNAPOK [hohnoppok]

Januar	január [jonnuahr]	Juli	július [juhliusch]
Februar	február [fäbruahr]	August	augusztus [augusstusch]
März	március [mahrziusch]	September	szeptember [ssäptämbär]
April	április [ahprilisch]	Oktober	október [oktohbär]
Mai	május [mahjusch]	November	november [nowämbär]
Juni	június [juhniusch]	Dezember	december [däzämbär]

JAHRESZEITEN — ÉVSZAKOK [ehvssockok]

Frühling	tavasz [towwoss]	Herbst	ősz [öhss]
Sommer	nyár [njahr]	Winter	tél [tehl]

FEIERTAGE — ÜNNEPNAPOK [ünnäpnoppok]

*Gesetzliche Feiertage sind mit * gekennzeichnet.*

Neujahr*	Újév [uhjehw]
Dreikönigstag	háromkirályok napja [hahromkirahjok noppjo]
Karneval	farsang [forrschonng]
Fastnachtsdienstag	húshagyókedd [huhschhoddjohkädd]
Aschermittwoch	hamvazószerda [hommwosohssärdo]
Tag des Befreiungskampfes 1848* (15. März)	Az 1848-as szabadságharc ünnepe [os äsärnjolzsahsnädjwännjolzosch ssobbottschschahghorrz ünnäpä]
Ostern	húsvét [huhschweht]
Ostermontag*	húsvéthétfő [huhschwehthehtföh]
Tag der Arbeit* (1. Mai)	A munka ünnepe [o munko ünnäpä]
Fronleichnam	úrnapja [uhrnoppjo]
Feier des Hl. Stephans* (20. August)	Szent István ünnepe [ssänt ischdwahn ünnäpä]
23. Oktober (Nationalfeiertag der Republik)*	Október 23. [oktohbär hussonhorrmoddiko]
Allerheiligen (1. November)	mindszentek/november elseje [mindsäntäk/nowämbär älschäjä]

Heiliger Abend	szenteste [ssäntäschtä]
Weihnachten	karácsony [korrahtschonj]
1. Weihnachtsfeiertag* ...	karácsony első napja [korrahtschonj älschöh noppjo]
2. Weihnachtsfeiertag* ...	karácsony második napja [korrahtschonj mahschodik noppjo]
Silvesterabend	szilveszter [ssilwässtär]

WETTER

Wie wird das Wetter heute?	Milyen lesz az idő ma? [mijän läss os idöh mo]
Es bleibt schön/schlecht.	Az idő szép/rossz marad. [os idöh ssehp/ross morrodd]
Es wird wärmer/kälter.	Melegebb/Hidegebb lesz. [mälägäbb/hidägäbb läss]
Es wird regnen/schneien.	Esni/Havazni fog. [äschni/howwosni fog]
Es ist kalt/heiß/schwül.	Az idő hideg/meleg/fülledt. [os idöh hidäg/mäläg/füllätt]
Wieviel Grad haben wir heute?	Hány fok van ma? [hahnj fok wonn mo]
Es ist 20 Grad.	Húsz fok van. [huhss fok wonn]

bewölkt	felhős [fälhöhsch]
Blitz	villám [willahm]
Donner	mennydörgés [männjdörgehsch]
Frost	fagy [foddj]
Gewitter	zivatar [siwottorr]
Glatteis	síkosság [schihkoschschahg]
heiß	forró [forroh]
kalt	hideg [hidäg]
Klima	éghajlat [ehghojjlott]
Luft	levegő [läwägöh]
naß	nedves [nädwäsch]
Nebel	köd [köd]
Regen	eső [äschöh]
Schnee	hó [hoh]
schwül	fülledt [füllätt]
Sonne	nap [nopp]
sonnig	napos [nopposch]
Temperatur	hőmérséklet [höhmehrschehklät]
Trockenheit	szárazság [ssahroschschahg]
Überschwemmung	áradás [ahroddahsch]
warm	meleg [mäläg]
wechselhaft	változékony [wahltosehkonj]
Wind	szél [ssehl]
Wolke	felhő [fälhöh]

Wie weit ist es noch?

... MIT DEM AUTO / MOTORRAD / FAHRRAD

ENTSCHULDIGUNG, WIE KOMME ICH NACH ...?	BOCSÁNAT, HOGY JUTOK EL ... BA/BE? [botschahnott hodj jutok äl ... bo/bä]
Wie weit ist das?	Milyen messze van? [mijän mässä wonn]
Bitte, ist das die Straße nach ...?	Ez az út vezet ... felé, kérem? [äs os uht wäsät ... fäleh kehräm]
Wie komme ich zur Autobahn nach ...?	Hogy jutok el az autópályára ... felé? [hoddj jutok äl os outohpahjahro ... fäleh]
Immer geradeaus bis ...,	Menjen egyenesen ...ig, [männjän ädjänäschän ...ig]
dann ...	azután ... [osutahn]
bei der Ampel	a jelzőlámpánál [o jälsöhlahmpahnahl]
an der nächsten Ecke	a következő saroknál [o köwätkäsöh schorroknahl]
links/rechts abbiegen.	forduljon balra/jobbra. [forduljon bollro/jobbro]

VOLLTANKEN, BITTE	TELE KÉREM [tälä kehräm]
Wo ist bitte die nächste Tankstelle?	Hol (van) a legközelebbi benzinkút? [hol (wonn) o läckösäläbbi bänsinkuht]
Ich möchte ... Liter	Kérek ... liter [kehräk litär]
Normalbenzin	normálbenzint [norrmahlbänsint]
Super	szupert [ssupärt]
Diesel	dízelt [dihsält]
bleifrei	ólommenteset [ohlommäntäschet]
mit ... Oktan	... oktánszámút [...oktahn ssahmuht]
Prüfen Sie bitte den Ölstand/den Reifendruck.	Ellenőrizze kérem az olajszintet/a levegőnyomást. [ällänöhrissä kehräm os olojjssintät/o läwägöhnjomahscht]

PARKEN

PARKOLÁS [porrkolahsch]

Gibt es hier in der Nähe eine Parkmöglichkeit?

Lehet itt a közelben parkolni? [lähät itt o kösälbän porrkolni]

Kann ich den Wagen hier abstellen?

Leállíthatom itt a kocsit? [läahllihthottom itt o kotschit]

ICH HABE EINE PANNE

DEFEKTEM VAN [däfäktäm wonn]

Ich habe einen Platten.

Gumidefektem van. [gumidäfäktäm wonn]

Würden Sie mir bitte einen Mechaniker/einen Abschleppwagen schikken?

Tudna nekem egy szerelőt/vontatókocsit küldeni? [tudno näkäm ädj ssärälöht/wontottohkotschit küldäni]

Könnten Sie mir mit Benzin aushelfen?

Ki tuda segíteni benzinnel? [ki tudno schägihtäni bänsinnäl]

Könnten Sie mir beim Reifenwechsel helfen?

Tudna nekem segíteni a gumit kicserélni? [tudno näkäm schägihtäni o gumit kitschärehlni]

Würden Sie mich bis zur nächsten Werkstatt mitnehmen?

El tudna engem a legközelebbi javítóműhelyig vinni? [äl tudno ängäm o läckösäläbbi jowwihtohmühhäjig winni]

WO IST HIER IN DER NÄHE EINE WERKSTATT?

HOL VAN ITT A KÖZELBEN EGY MŰHELY? [hol wonn itt o kösälbän ädj mühhäj]

Mein Wagen springt nicht an.

A kocsim nem indul be. [o kotschim näm indul bä]

Die Batterie ist leer.

Az akkumulátor lemerült. [oss okkumulahtor lämärült]

Mit dem Motor stimmt was nicht.

A motorral valami nincs rendben. [o motorroll wollommi nintsch rändbän]

Die Bremsen funktionieren nicht.

A fék nem működik. [o fehk näm mühködik]

Der Wagen verliert Öl.

A kocsiból csöpög az olaj. [o kotschibohl tschöpög os olojj]

Können Sie mal nachsehen?

Meg tudná nézni? [mäk tudnah nehsni]

Wechseln Sie bitte die Zündkerzen aus.

Cserélje ki a (gyújtó)gyertyákat, kérem. [tschärehljä ki o (djuhjtoh)djärtjahkott kehräm]

Was wird es kosten?

Mennyibe fog kerülni? [männjibä fog kärülni]

ES IST EIN UNFALL PASSIERT — EGY BALESET TÖRTÉNT
[ädj bolläschät törtehnt]

Rufen Sie bitte schnell …	Hívjon gyorsan [hihwjon djorschonn]
einen Krankenwagen.	mentőt. [mäntöht]
die Polizei.	a rendőrséget. [o rändöhrschehgät]
die Feuerwehr.	a tűzoltókat. [o tühsoltohkott]
Haben Sie Verbandszeug?	Van kötszere? [wonn közzärä]
Es war meine Schuld.	Én vagyok a hibás. [ehn woddjok o hibahsch]
Es war Ihre Schuld.	Ön a hibás. [ön o hibahsch]
Sollen wir die Polizei holen, oder können wir uns so einigen?	Hívjuk a rendőrséget, vagy meg tudunk egyezni? [hihwjuk o rändöhrschehgät woddj mäk tudunk ädjäsni]
Ich möchte den Schaden durch meine Versicherung regeln lassen.	Szeretném a kárt a biztosítómmal megtéríttetni. [ssärätnehm o kahrt o bisstoschihtohmmoll mäktehrihttätni]
Geben Sie mir bitte Ihren Namen und Ihre Anschrift.	Adja meg kérem a nevét és a címét. [oddjo mäk kehräm o näweht ehsch o zihmeht]
Vielen Dank für Ihre Hilfe.	Köszönöm a segítséget. [kössönöm o schägihtschschehgeht]

AUTO-/MOTORRAD-/FAHRRADVERMIETUNG — AUTÓ-/MOTORKERÉKPÁR-/KERÉKPÁR-BÉRLÉS
[outoh-/motorkärehkpahr-/kärehkpahrbehrlehsch]

Ich möchte …	Szeretnék … [ssärätnehk]
… für zwei Tage…	… két napra … [keht noppra]
… für eine Woche …	… egy hétre … [ädj hehträ]
einen (Gelände-)Wagen	egy (terepjáró) kocsit [ätj (täräpjahroh) kotschit]
ein Motorrad	egy motor(kerékpár)t [ätj motor(kärehkpahr)t]
ein Fahrrad	egy kerékpárt [ätj kärehkpahrt]
… mieten.	… bérelni. [behrälni]
Wieviel verlangen Sie pro gefahrenen km?	Mennyit számol fel a megtett kilométerekért? [männjit ssahmol fäl o mägtätt kilomehtäräkehrt]
Ist das Fahrzeug vollkaskoversichert?	Van a gépjárműnek teljes kaszkója? [wonn o gehpjahrmühnäk täljäsch kosskohjo]
Ist es möglich, das Fahrzeug in … abzugeben?	Leadhatom az autót …ban/ben? [läoddhottom os outoht …bonn/bän]

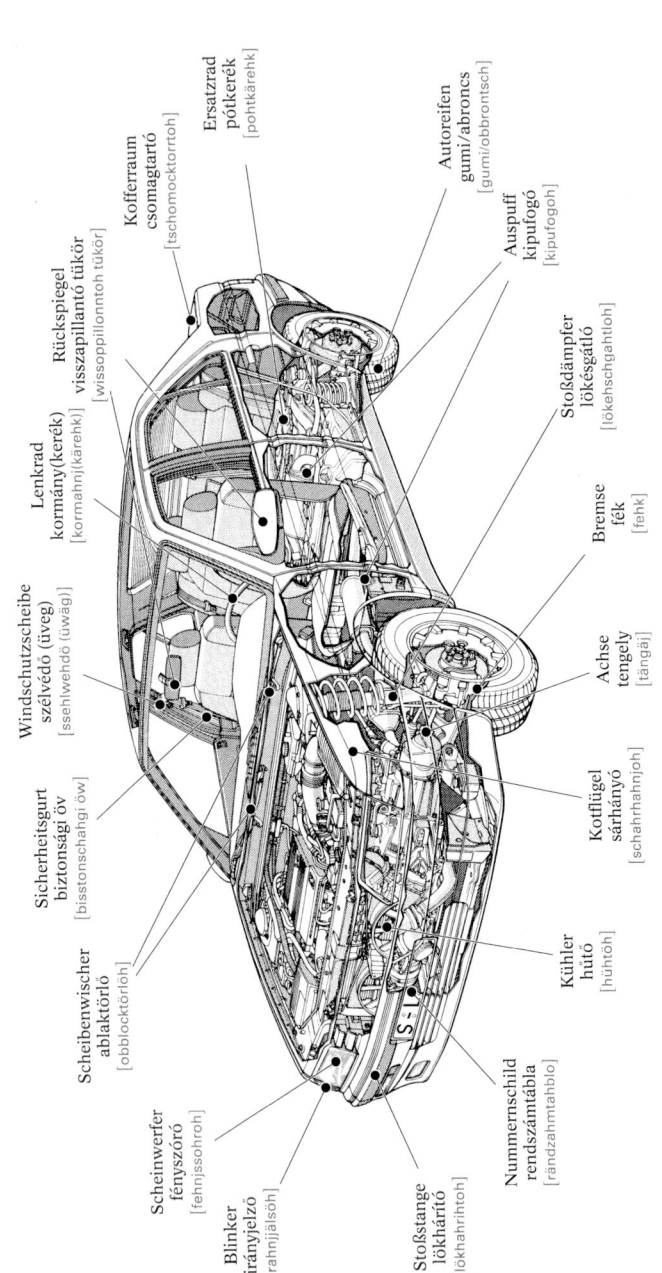

Kofferraum
csomagtartó
[tschomocktorrtoh]

Ersatzrad
pótkerék
[pohtkárehk]

Rückspiegel
visszapillantó tükör
[wissoppillonntoh tükör]

Autoreifen
gumi/abroncs
[gumi/obbrontsch]

Auspuff
kipufogó
[kipufogoh]

Lenkrad
kormány(kerék)
[kormahnj(kárehk)]

Stoßdämpfer
lökésgátló
[lökehschgahtloh]

Windschutzscheibe
szélvédő (üveg)
[ssehlwehdő (üwäg)]

Bremse
fék
[fehk]

Sicherheitsgurt
biztonsági öv
[bisstonschahgi öw]

Achse
tengely
[tängäj]

Scheibenwischer
ablaktörlő
[obblocktörlöh]

Kotflügel
sárhányó
[schahrhahnjoh]

Scheinwerfer
fényszóró
[fehnjssohroh]

Kühler
hűtő
[hühtöh]

Blinker
irányjelző
[irahnjjälsöh]

Nummernschild
rendszámtábla
[rándzahmtahblo]

Stoßstange
lökhárító
[lökhahrihtoh]

S -

18

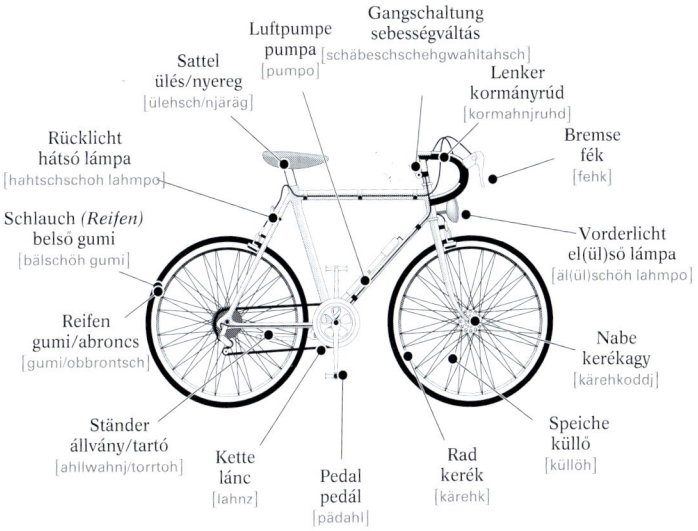

Gangschaltung
sebességváltás [schäbeschschehgwahltahsch]

Luftpumpe
pumpa [pumpo]

Sattel
ülés/nyereg [ülehsch/njäräg]

Lenker
kormányrúd [kormahnjruhd]

Rücklicht
hátsó lámpa [hahtschschoh lahmpo]

Bremse
fék [fehk]

Schlauch *(Reifen)*
belsö gumi [bälschöh gumi]

Vorderlicht
el(ül)sö lámpa [äl(ül)schöh lahmpo]

Reifen
gumi/abroncs [gumi/obbrontsch]

Nabe
kerékagy [kärehkoddj]

Ständer
állvány/tartó [ahllwahnj/torrtoh]

Kette
lánc [lahnz]

Pedal
pedál [pädahl]

Rad
kerék [kärehk]

Speiche
küllö [küllöh]

Abblendlicht	tompított fényszóró [tompihtott fehnjsohroh]
abschleppen	elvontat [älwontott]
Abschlepp|seil	vontatókötél [wontottohkötehl]
~wagen	vontatókocsi [wontottohkotschi]
Ampel	közlekedési lámpa [kösläkädehschi lahmpo]
Anlasser	önindító [önindihtoh]
Autobahn	autópálya [outohpahjo]
Baustelle	építkezés [ehpihtkäsehsch]
Benzin	benzin [bänsin]
~kanister	benzinkanna [bänsinkonno]
Bremsbelag	fékbetét/fékpofa [fehkbäteht/fehkpofo]
Bußgeld	bírság [bihrschahg]
Defekt	hiba [hibo]
Dichtung	tömítés [tömihtehsch]
Fahrrad	kerékpár/bicikli [kärehkpahr/bizikli]
Fahrspur	sáv [schahw]
Fehlzündung	hibás gyújtás [hibahsch djuhjtahsch]
Felge	kerékkoszorú [kärehckossoruh]
Fernlicht	távfény [tahffehnj]
Flickzeug	foltozókészlet [foltosohkehsslät]
Führerschein	(gépjárművezetöi) jogosítvány [(gehpjahrmühwäsätöhi) jogoschihtwahnj]
Fußbremse	lábfék [lahbfehk]

Gang	menet/sebesség [mänät/schäbäschschehg]
Gaspedal	gázpedál [gahsspädahl]
gebrochen	eltört [ältört]
Gepäckträger	csomagtartó [tschomoggtorrtoh]
Handbremse	kézifék [kehsifehk]
Heizung	fűtés [fühtehsch]
Hupe	kürt/duda [kürt/dudo]
Kabel	kábel [kahbäl]
Karosserie	karosszéria [korrossehrio]
Keilriemen	ékszíj [ehkssihj]
Klingel	csengő [tschängöh]
Kühlwasser	hűtővíz [hühtöhwihs]
Kupplung	kuplung [kuplung]
Kurve	kanyar [kanjorr]
Kurzschluß	rövidzárlat [röwizahrlott]
Landstraße	országút [orssahguht]
Lastwagen	teherautó [tähäroutoh]
Lichtmaschine	dinamó [dinommoh]
Motor	motor [motor]
~rad	motorkerékpár [motorkärehkpahr]
~roller	robogó [robogoh]
Notrufsäule	segélykérő telefon [schägehjkehröh täläfon]
Oktanzahl	oktánszám [oktahnssahm]
Öl	olaj [olojj]
~wechsel	olajcsere [olojjtschärä]
Panne	defekt [däfäkt]
Pannendienst	autómentő, „sárga angyal" [outohmäntöh, schahrgo onndjoll]
Papiere	papírok [poppihrok]
Park|haus	parkolóház [porrkolohhahs]
~platz	parkoló(hely) [porrkoloh (häj)]
Promille	ezrelék [äsrälehk]
PS	lóerő [lohäröh]
Radarkontrolle	radarellenőrzés [roddorrällänöhrsehsch]
Raststätte	pihenőhely [pihänöhhäj]

---

auf Straßenschildern ...

magánút [moggahnuht]	*(Privatweg)*
kijárat [kijahrott]	*(Ausfahrt)*
kivéve célforgalom [kiwehwä zehlforgollom]	*(Zielverkehr ausgenommen)*
kivéve áruszállítás [kiwehwä ahrussahllihtahsch]	*(Warenlieferung ausgenommen)*

Schaltgetriebe	sebességváltó [schäbäschschehgwahltoh]
Schalthebel	sebességváltókar [schäbäschschehgwahltohkorr]
Schiebedach	tolótető [tolohtätöh]
Schraube	csavar [tschowworr]
Schraubenschlüssel	csavarkulcs [tschowworrkultsch]
Schutzblech	sárhányó [schahrhahnjoh]
Sicherung	biztosító [bisstoschihtoh]
Standlicht	helyzetjelző lámpa [häjsätjälsöh lahmpo]
Starthilfekabel	indítókábel [indihtohkahbäl]
Stau	forgalmi dugó [forgollmi dugoh]
Straße	utca [uzzo]
Straßenkarte	autótérkép [outohtehrkehp]
Sturzhelm	bukósisak [bukohschischock]
Tachometer	sebességmérő [schäbäschschehgmehröh]
Tankstelle	benzinkút [bänsinkuht]
Tramper/in	(autó)stoppos [(outoh)schtopposch]
Umleitung	terelőút [tärälöhuht]
Ventil	szelep [ssäläp]
Vergaser	porlasztó [porlosstoh]
Versicherungskarte, grüne	biztosítási kártya, zöld kártya [bisstoschihtahschi kahrtja, söld kahrtjo]
Vollkasko	teljes kaszkó [täljäsch kosskoh]
Wagen|heber	emelő [ämälöh]
~wäsche	autómosds [outohmoschahsch]
Warn|blinker	vészvillogó [wehsswillogoh]
~dreieck	elakadásjelző háromszög [älockoddahschjälsöh hahromssög]
Wegweiser	útjelző [uhtjälsöh]
Werk|statt	(javító-)műhely, szerviz [(jowwitoh)mühhäj, ssärwihs]
~zeug	szerszám [ssärssahm]
Zünd|kerze	(gyújtó)gyertya [(djuhjtoh)djärtjo]
~schloß	gyujtáskapcsoló [djuhjtahschkopptscholoh]
~schlüssel	sluszkulcs [schlusskultsch]
Zündung	gyújtás [djuhjtahsch]

... MIT DEM FLUGZEUG

ABFLUG — INDULÁS [indulahsch]

Wo ist der Schalter der ...-Fluggesellschaft?
Hol van a ... légitársaság pultja? [holl wonn o ... lehgitahrschoschahg pultjo]

Wann fliegt die nächste Maschine nach ...?
Mikor megy a következő gép ... ba/be? [mikor mädj o köwätkäsöh gehp ... bo/bä]

Ich möchte einen einfachen Flug nach ... buchen.
Szeretnék egy oda utat ... ba/be foglalni. [ssärätnehk ädj odo utott ... bo/bä foglollni]

Sind noch Plätze frei?
Van még szabad hely? [wonn mehg ssobbodd häj]

Ich möchte diesen Flug stornieren.
Szeretném ezt a repülőutat lemondani. [ssärätnem ässt o räpülöhutott lämondonni]

Kann ich das als Handgepäck mitnehmen?
Vihetem ezt kézipoggyászként a gépre? [wihätäm äst kehsipoddjahsskehnt o gehprä]

Hat die Maschine nach ... Verspätung?
Van késése a(z) ...i gépnek? [wonn kehschehschä o(s) ...i gehpnäk]

Ist die Maschine aus ... schon gelandet?
Leszállt már a(z) ...i gép? [lässahllt mahr a(s) ...i gehp]

ANKUNFT — ÉRKEZÉS [ehrkäsehsch]

Mein Gepäck ist verlorengegangen.
Elveszett a csomagom. [älwässätt o tschomoggom]

Mein Koffer ist beschädigt worden.
A kofferem megrongálódott. [o koffäräm mägrongahlohdott]

Ankunftszeit	érkezési idő [ehrkäsehschi idöh]
Anschluß	csatlakozás [tschottlockosahsch]
anschnallen, sich	övet becsatol [öwät bätschottol]
Anschnallgurt	biztonsági öv [bisstonschahgi öw]
Besatzung	legénység [lägehnjschehg]
an Bord	a fedélzeten [o fädehlsätän]
Bordkarte	fedélzeti kártya [fädehlsäti kahrtjo]
Buchung	foglalás [foglollahsch]
Chartermaschine	chartergép [tschahrtärgehp]
Direktflug	közvetlen légiút [köswätlän lehgiuht]
einchecken	bejelentkezik [bäjäläntkäsik]
Fenstersitz	ablak melletti ülőhely [obblock mällätti ülöhhäj]

Flug	repülés/légiút [räpülehsch/lehgiuht]
~gesellschaft	légitársaság [legitahrschoschahg]
~hafenbus	repülőtéri busz [räpülöhtehri buss]
~hafengebühr	repülőtéri illeték [räpülöhtehri illätehk]
~plan	menetrend [mänätränd]
~schein	repülőjegy [räpülöhjädj]
~steig	utaslépcső [utoschlehptschöh]
~strecke	légi útszakasz [lehgi uhzockoss]
~zeug	repülőgép [räpülöhgehp]
Gepäck	csomag/poggyász
	[tschomogg/poddjahss]
~abfertigung	poggyászfeladás
	[poddjahssfäloddahsch]
~ausgabe	poggyászkiadás [poddjahsskioddahsch]
Handgepäck	kézipoggyász [kehsipoddjahss]
Hinflug	odaút (repülövel) [odouht (räpülöhväl)]
Hubschrauber	helikopter [hälikoptär]
Kapitän	kapitány [koppitahnj]
Landung	leszállás [lässahllahsch]
Linienmaschine	menetrend szerinti járat
	[mänätränd ssärinti jahrott]
Nichtraucher	nemdohányzó [nämdohahnjsoh]
Not|ausgang	vészkijárat [wehsskijahrott]
~landung	kényszerleszállás
	[kehnjssärlässahllahsch]
~rutsche	vészcsúzda [wehsstschuhsdo]
Passagier	utas [utosch]
Pilot/in	pilóta [pilohto]
planmäßiger Abflug	menetrend szerinti indulás
	[mänätränd ssärinti indulahsch]
Raucher	dohányzó [dohahnjsoh]
Rollfeld	kifutópálya [kifutohpahjo]
Rückflug	visszaút (repülövel) [vissouht
	(räpülöhväl)]
Schalter	pult/pénztár [pult/pehnsstahr]
Schwimmweste	úszómellény [uhssohmällehnj]
Sicherheitskontrolle	biztonsági ellenőrzés
	[bisstonschahgi ällänöhrsehsch]
Steward/eß	steward(ess) [stjuard(äss)]
	légikísérő [lehgikihschehröh]
stornieren	lemond [lämond]
umbuchen	átbukkol [ahtbuckol]
Verspätung	késés [kehschehsch]
zollfreier Laden	vámmentes árúk boltja
	[wahmmäntäsch ahruk boltjo]
Zwischenlandung	közbeeső leszállás
	[kösbääschöh lässahllahsch]

... MIT DER EISENBAHN

ABFAHRT — INDULÁS [indulahsch]

Bitte eine einfache Fahrt	Egy odautat kérek ... [ädj odautott kehräk]
2. Klasse	másodosztályon [mahschodossssstahjon]
1. Klasse	első osztályon [älschöh osstahjon]
nach ...	...ba/be. [... bo/bä]
Zweimal ... hin und zurück, bitte.	Kétszer ...oda-vissza, kérem. [kehzzär ... odo wisso kehräm]
Gibt es eine Ermäßigung für Kinder/Studenten?	Van kedvezmény gyermekeknek/diákoknak? [wonn kädwäsmehnj djärmäkäknäk/ diahkoknock]
Bitte eine Platzkarte für den Zug um ... Uhr nach ...	Kérek egy helyjegyet a(z) ... órás vonatra ...ba/be. [kehräk ädj häjjädjät o(s) ... ohrahsch wonottro ...bo/bä]
Hat der Zug aus ... Verspätung?	Késik a ...i vonat? [kehschik o ...i wonott]
Habe ich in ... Anschluß an die Fähre?	Van ... ban/ben csatlakozás a kompra? [wonn ... bonn/bän tschottlockosahsch o kompro]
Muß ich umsteigen?	Át kell szállnom? [aht käll ssahllnom]
Wo muß ich umsteigen?	Hol kell átszállnom? [hol käll ahtsahllnom]
Von welchem Gleis fährt der Zug nach ... ab?	Melyik vágányról indul a vonat ... ba/be? [mäjik wahgahnjrohl indul o wonott ... bo/bä]

IM ZUG — A VONATBAN [o vonottbonn]

Verzeihung, ist dieser Platz noch frei?	Bocsánat, szabad ez a hely? [botschahnott ssobbodd es o häj]
Hält dieser Zug in ...?	Megáll ez a vonat ...ban/ben? [mägahl eass o wonott ...bonn/bän]

Abfahrt	indulás [indulahsch]
Abfahrtszeit	indulási idő [indulahschi idöh]
Abteil	fülke/szakasz [fülkä/ssockoss]
ankommen	érkezik [ehrkäsik]
Aufenthalt	tartózkodás [torrtohsskodahsch]
aussteigen	kiszáll [kissahll]
Bahnhof	pályaudvar [pahjoudworr]
Bahnhofsrestaurant	vasúti étterem [woschuhti ehttäräm]

besetzt	foglalt [foglollt]
D-Zug	gyorsvonat [djorschwonott]
EC (Eurocity)	nemzetközi vonat [nämsätkösi wonott]
Eilzug	sebesvonat [schäbäschwonott]
einsteigen	beszáll [bässahll]
Eisenbahn	vasút [woschuht]
~fähre	vasúti komp [woschuhti komp]
Ermäßigung	kedvezmény [kädwäsmehnj]
Fahr|karte	menetjegy [mänätjädj]
~kartenkontrolle	menetjegyellenőrzés [mänätjädjällänöhrsehsch]
~kartenschalter	jegypénztár [jädjpehnsstahr]
~plan	menetrend [mänäтränd]
~preis	menetdíj [mänäddihj]
Fensterplatz	ablak melletti hely [obblock mälätti häj]
frei	szabad [ssobbodd]
Gepäck	csomag/poggyász [tschomogg/poddjahss]
~aufbewahrung	csomagmegőrző [tschomoggmägöhrsöh]
~schein	csomagjegy [tschomoggjädj]
Gleis	vágány [wahgahnj]
Hauptbahnhof	főpályaudvar [föhpahjoudworr]
Kinderfahrkarte	gyermekjegy [djärmäkjädj]
Nichtraucherabteil	nemdohányzó szakasz [nämdohahnjsoh ssockoss]
Notbremse	vészfék [wehssfehk]
Platzkarte	helyjegy [häjjädj]
Raucherabteil	dohányzó szakasz [dohahnjsoh ssockoss]
Reservierung	foglalás [foglollahsch]
Rückfahrkarte	retúrjegy [rätuhrjädj]
Speisewagen	étkezőkocsi [ehtkäsöhkotschi]
Toilette	W.C. [wehzeh]
Wartesaal	váróterem [wahrohtäräm]
Zuschlag	pótdíj/felár [pohddihj/fälahr]

... MIT DEM SCHIFF

IM HAFEN | **A KIKÖTŐBEN** [o kikötöhbän]

Wann fährt das nächste Schiff nach ... ab?	Mikor megy a következő hajó ... ba/be? [mikor mädj o köwätkäsöh hojjoh ... bo/bä]
Wie lange dauert die Überfahrt?	Mennyi ideig tart az átkelés? [männji idäig torrt os ahtkälehsch]

Wann legen wir in … an?	Mikor kötünk ki … ban/ben? [mikor kötünk ki … bonn/bän]
Ich möchte eine Schiffs-karte nach …	Szeretnék egy hajójegyet … ba/be. [ssärätnehk ädj hojjohjädjät … bo/bä]
Ich möchte eine Karte für die Rundfahrt um … Uhr.	Szeretnék egy jegyet a körutazásra …órakor. [ssärätnehk ädj jädjät o körutosahschro … ohrockor]

AN BORD   A FEDÉLZETEN [o fädehlsätän]

Wo ist der Speisesaal/der Aufenthaltsraum?	Hol van az étterem/társalgó? [hol wonn os ehttäräm/tahrschollgoh]
Ich fühle mich nicht wohl.	Rosszul érzem magam. [rossul ehrsäm moggomm]

anlaufen	befut [bäfut]
Anlegeplatz	kikötőhely [kikötöhhäj]
an Bord	a fedélzeten [o fädehlsätän]
auslaufen	kifut [kifut]
Buchung	foglalás [foglollahsch]
Bug	hajóorr [hojjoorr]
Dampfer	gőzhajó [göhshojjoh]
Deck	fedélzet [fädehlsät]
Fähre	komp [komp]
Auto~	autós komp [outohsch komp]
Eisenbahn~	vasúti komp [woschuhti komp]
Fahrkarte	(menet)jegy [(mänät)jädj]
Hafen	kikötő [kikötöh]
Heck	far [forr]
Jacht	jacht [jahht]
Kabine	kabin [kobbin]
Kai	rakpart [rockporrt]
Kajüte	kajüt [kojjüt]
Kapitän	kapitány [koppitahnj]
Landesteg	móló [mohloh]
Luftkissenboot	felfújható gumicsónak [fälfuhjhottoh gumitschohnock]
Motorboot	motorcsónak [motortschohnock]
Passagier	utas [utosch]
Rettungs|boot	mentőcsónak [mäntöhtschohnock]
~ring	mentőöv [mäntöhöw]
Ruderboot	evezős csónak [äwäsöhsch tschohnock]
Rundfahrt	körutazás [körutosahsch]
Schwimmweste	úszómellény [uhssohmällehnj]
Steward	steward [stjuard]
Ufer	part [porrt]

Was schauen wir an?

Ich möchte einen Stadtplan von ... haben.	Szeretnék egy ... i várostérképet. [ssärätnehk ädj ... i wahroschtehrkehpät]
Welche Sehenswürdigkeiten gibt es hier?	Milyen látnivalók vannak itt? [mijän lahtniwollohk wonnock itt]
Gibt es Stadtrundfahrten?	Van városnéző kirándulás? [wonn wahroschnehsöh kirahndulahsch]
Was kostet die Rundfahrt?	Mennyibe kerül a körutazás? [männjibä kärül o körutosahsch]
Besichtigen wir auch ...?	Megtekintjük ...t is? [mäktäkintjük ...t isch]
Wann fahren wir zurück?	Mikor megyünk vissza? [mikor mädjünk wisso]

SEHENSWERTES

Wann ist das Museum geöffnet?	Mikor van nyitva a múzeum? [mikor wonn njitwo o muhsäum]
Wann beginnt die Führung?	Mikor kezdödik a vezetés? [mikor käsdöhdik o wäsätehsch]
Ist das ...?	Ez a(z) ...? [äs o(s) ...]

Altar	oltár [oltahr]
Altstadt	óváros [ohwahrosch]
Amphitheater	amfiteátrum [ommfitäahtrum]
Architektur	építészet [ehpihtehssät]
Arena	aréna [orrehno]
Ausflug	kirándulás [kirahndulahsch]
Ausgrabungen	ásatások [ahschottahschok]
Aussichtspunkt	kilátóhely [kilahtohhäj]
Ausstellung	kiállítás [kiahllihtahsch]
Besichtigung	látogatás/megtekintés [lahtogottahsch/mäktäkintehsch]

27

Bild	kép [kehp]
~hauer	szobrász [ssobrahss]
Burg	vár [wahr]
Denkmal	műemlék [mühämlehk]
Dom *(Kirche)*	dóm/székesegyház [dohm/ssehkäschädjhahs]
Festung	erőd [äröd]
Fischerhafen	halászkikötő [hollahsskikötöh]
Fremdenführer	idegenvezető [idägänwäsätöh]
Friedhof	temető [tämätöh]
Führung	vezetés [wäsätehsch]
Galerie	galéria [gollehrio]
Gebäude	épület [ehpülät]
Gebirge	hegység [hädjschschehg]
Gemälde	festmény [fäschtmehnj]
Gobelin	gobelin [goblän]
Gottesdienst	istentisztelet [ischtäntisstälät]
Kaiser/in	császár [tschahssahr]
Kapelle	kápolna [kahpolno]
Kathedrale	székesegyház/katedrális [ssehkäschädjhahs/kottädrahlisch]
Kirche	templom [tämplom]
König/in	király [kirahj]
Landschaft	táj/vidék [tahj/widehk]
Malerei	festészet [fäschtehssät]
Maler/in	festő [fäschtöh]
Markt	vásár/piac [wahschahr/piaz]
~halle	vásárcsarnok [wahschahrtschorrnok]
Museum	múzeum [muhsäum]
Naturschutzgebiet	természetvédelmi terület [tärmehssätwehdälmi tärülät]
Plastik	szobor [ssobor]
Platz	tér [tehr]
Rathaus	tanácsháza [tonnahtschhahso] városháza [wahroschhahso]
Religion	vallás [wollahsch]
restaurieren	restaurál [räschtaurahl]
Ruine	rom [rom]
Rundfahrt	körutazás [körutosahsch]
Schloß	kastély [koschtehj]
See	tó [toh]
Sehenswürdigkeiten	látnivalók [lahtniwollohk]
Stadtrundfahrt	városnézés [wahroschnehsehsch]
Tagesausflug	egésznapos kirándulás [ägehssnopposch kirahndulahsch]
Turm	torony [toronj]
Wald	erdő [ärdöh]
Wasserfall	vízesés [wihsäschehsch]
Zoo	állatkert [ahllottkärt]

Die Speisekarte, bitte

WIR GEHEN ESSEN

Wo gibt es hier ...
   ein gutes Restaurant?
   ein nicht zu teures Restaurant?

Hol van itt ... [hol wonn itt]
   egy jó étterem? [ädj joh ehttäräm]
   egy nem túl drága étterem?
   [ädj näm tuhl drahgo ehttäräm]

Reservieren Sie uns bitte für heute abend einen Tisch für 4 Personen.

Foglaljon kérem nekünk ma estére egy asztalt négy személyre.
[foglaljon kehräm näkünk mo äschtehrä ädj osstollt nehdj ssämehjrä]

Ist dieser Tisch/Platz noch frei?

Szabad ez az asztal/a hely?
[ssobbodd äs os osstoll/o häj]

Einen Tisch für 2/3 Personen, bitte.

Szeretnénk egy asztalt két/három személyre. [ssärätnehnk ädj osstollt keht/hahrom ssämehjrä]

Wo sind bitte die Toiletten?

Hol van kérem a WC?
[hol wonn kehräm o wehzeh]

Auf Ihr Wohl!

Egészségére! [ägehschschehgehrä]

Darf ich rauchen?

Dohányozhatok? [dohahnjoshottok]

RENDELÉS [rändälehsch]

Herr Ober/Bedienung, die ... bitte.
   ... Speisekarte ...
   ... Getränkekarte ...

Főúr/kisasszony, kérem az ...
[föhuhr/ kischossonj kehräm os]
   ... étlapot. [ehtloppot]
   ... itallap [itollop]

Was können Sie mir empfehlen?

Mit tud ajánlani? [mit tud ojjahnlonni]

Was nehmen Sie als ...?
   Vorspeise
   Hauptgericht
   Nachtisch

Milyen ... kér? [mijän ... kehr]
   előételt [älöhehtält]
   főfogást [föhfogahscht]
   desszertet [dässärtät]

29

Ich nehme ...	Kérek ... [kehräk ...]
Wir haben leider kein/e ... (mehr).	Sajnos elfogyott. [schojjnosch älfodjott]
Was wollen Sie trinken?	Mit akar inni? [mit ockorr inni]
Bitte ein Glas ...	Kérek egy pohár ...t. [kehräk ädj pohahr ...t]
Bitte eine Flasche/eine halbe Flasche ...	Kérek egy üveg/fél üveg ...t. [kehräk ädj üwäg/fehl üwäg ...t]
Bitte bringen Sie uns ...	Kérem hozzon nekünk ... [kehräm hosson näkünk ...t]

Haben Sie mein/e ... vergessen?	Elfelejtette az én ...t? [älfäläjtättä os ehn ...t]
Das habe ich nicht bestellt.	Nem ezt rendeltem. [näm äst rändältäm]
Holen Sie bitte den Chef.	Hívja kérem a főnököt. [hihwjo kehräm o föhnököt]

Bezahlen, bitte.	Fizetek, kérem. [fisätäk kehräm]
Die Rechnung, bitte. Wir haben es eilig.	Kérem a számlát. Sietünk. [kehräm a ssahmlaht. schiätünk]
Bitte alles zusammen.	Kérem az egészet egybe számolni. [kehräm os ägehssät ädjbä ssahmolni]
Getrennte Rechnungen, bitte.	Külön számlát kérünk. [külön ssahmlaht kehrünk]
Die Rechnung scheint mir nicht zu stimmen.	Úgy látszik, a számla nem stimmel. [uhdj lahtssik a ssahmla näm schtimmäl]
Hat es geschmeckt?	Ízlett? [ihslätt]
Das Essen war ausgezeichnet.	Az étel kitűnő volt. [os ehtäl kitühnöh wolt]
Das ist für Sie.	Ez az öné. [äs os öneh]
Es stimmt so.	Rendben van. [rändbän wonn]

Wie hätten Sie Ihr Fleisch gerne?

gut durch	jól átsütve [johl ahtschütwä]
halbdurch	félig átsütve [fehlig ahtschütwä]
englisch	angolosan [onngoloschonn]

Abendessen	vacsora [wottschoro]
Aschenbecher	hamutartó [hommutorrtoh]
Besteck	evőeszköz [äwöhässkös]
Bestellung	rendelés [rändälehsch]
Brot	kenyér [känjehr]
Diabetiker	cukorbeteg [zukorbätäg]
Essig	ecet [äzät]
frisch	friss [frischsch]
Frühstück	reggeli [räggäli] → S. 33
Gabel	villa [willo]
Gang	fogás [fogahsch]
gebacken	sült [schült]
gebraten	sült [schült]
gedämpft	párolt [pahrolt]
gedünstet	párolt [pahrolt]
gefüllt	töltött [töltött]
gekocht	főtt [föhtt]
geräuchert	füstölt [füschtölt]
Gericht	étel/fogás [ehtäl/fogahsch]
Getränk	ital [itoll] → S. 39 f.
Gewürz	fűszer [fühssär]
Glas	pohár [pohahr]
Gräte	szálka [ssahlko]
Hauptspeise	főfogás [föhfogahsch] → S. 35 ff.
hausgemacht	házi [hahsi]
heiß	forró [forroh]
kalt	hideg [hidäg]
Karaffe	vizeskancsó [wisäschkonntschoh]
Kellner/in	pincér/nő [pinzehr/nöh]
Kinderteller	gyerektányér [djäräktahnjehr]
Knoblauch	fokhagyma [fokhoddjmo]

"Weder Salz noch Pfeffer"

"Se sava, se borsa" [schä schowwo schä borscho] bezieht sich nicht nur auf die Gaumenfreuden, sondern auf alles Fade und Uninteressante ohne originellen, persönlichen Charakter, bedeutet also in etwa *"ohne Saft und Kraft"*. Zurückhaltung und Bescheidenheit langweilt die Ungarn.

Koch/Köchin	szakács [ssockahtsch]
kochen	főz [föhs]
Löffel	kanál [konnahl]
mager	sovány [schowahnj]
Mayonnaise	majonéz [mojjonehs]
Menü	menü [mänü]
Messer	kés [kehsch]
Mittagessen	ebéd [äbehd]
Nachtisch	desszert [dässärt] → S.37
Ober	főúr [föhuhr]
Öl	olaj [olojj]
Pfeffer	bors [borsch]
Portion	adag [oddogg]
Salat	saláta [schollahto]
Salz	só [schoh]
sauer	savanyú [schowwonnjuh]
scharf	csípős/erős [tschihpöhsch/äröhsch]
Senf	mustár [muschtahr]
Serviette	szalvéta [ssollwehto]
Soße	mártás [mahrtahsch]
Speisekarte	étlap [ehtlopp] → S.33
Spezialität	specialitás [schpäziollitahsch]
Strohhalm	szalmaszál [ssollmossahl]
Suppe	leves [läwäsch] → S.34
süß	édes [ehdäsch]
Tages|gericht	napi ajánlat [noppi ojjahnlott]
~menü	menü [mänü]
Tasse	csésze [tschehssä]
Teller	tányér [tahnjehr]
Trinkgeld	borravaló [borrowwolloh]
Vorspeise	előétel [älöhehtäl] → S.33
Wasser	víz [wihs]
würzen	fűszerez [fühssäräs]
zäh	rágós [rahgohsch]
Zahnstocher	fogpiszkáló [fogpisskahloh]
Zitrone	citrom [zitrom]
Zucker	cukor [zukor]

Frühstück

In Ungarn ist es nicht üblich, frühstücken zu gehen. Daher fehlen
Lokale mit einem speziellen Frühstücksangebot. Wer jedoch nicht
darauf verzichten will, kann im Hotel frühstücken oder in einem
der zahlreichen Konditoreien *"eszpresszo"* [ässprässoh], die Sü-
ßigkeiten oder salziges Gebäck mit Kaffee anbieten. Der Kaffee
ist ein kräftiger Mokka, der in Tassen oder Gläsern serviert wird.

Étlap
Speisekarte

Getränke: → S. 39 f.

Reggeli	Frühstück

lágytojás [lahdjtojahsch]	weiches Ei
rántotta [rahntotto]	Rühreier
szalonnás rántotta [ssollonnahsch rahntotto]	Eier mit Speck
kenyér/zsemle/pirítós [känjehr/schämlä/pirihtohsch]	Brot/Brötchen/Toast
kifli [kifli]	Hörnchen
vaj [wojj]	Butter
sajt [schojjt]	Käse → S. 37
kolbász [kolbahss]	Wurst
sonka [schonko]	Schinken
méz [mehs]	Honig
lekvár [läkwahr]	Marmelade
müzli [müsli]	Müsli
joghurt [joghurt]	Joghurt
gyümölcs [djümöltsch]	Obst → S. 38

Előételek	Vorspeisen

disznósajt [dissnohschojjt]	Preßwurst
franciasaláta [fronnzioschollahto]	Französischer Salat
főtt sonka tormával [föhtt schonko tormahwoll]	gekochter Schinken mit Meerrettich
hortobágyi palacsinta [hortobahdji pollottschinto]	Palatschinken mit Fleischfüllung
libamájpástétom [libommahjpahschtehtom]	Gänseleberpastete
olajos szardínia [olojjosch ssorrdihnio]	Ölsardinen
rántott gombafejek [rahntott gomboffäjäk]	gebratene Pilzköpfe
svéd gombasaláta [schwehd gomboschollahto]	schwedischer Pilzsalat

töltött paradicsom [töltött porrodditschom]	gefüllte Tomaten
velőrózsa rántva [wälöhrohscho rahntwo]	gebratenes Hirn
velőscsont pirítóssal [wälöhschtschont pirihtohschscholl]	Markknochen mit Toast

Levesek — Suppen

bableves [bobbläwäsch]	Bohnensuppe
burgonyaleves [burgonjolläwäsch]	Kartoffelsuppe
csontleves [tschontläwäsch]	Knochenbrühe
erőleves [äröhläwäsch]	Bouillon
gombaleves [gombolläwäsch]	Pilzsuppe
hideg gyümölcsleves [hidäg djümöltschläwäsch]	Obstkaltschale
karalábéleves [korrollahbehläwäsch]	Kohlrabisuppe
májgombócleves [mahjgombohzläwäsch]	Leberknödelsuppe
paradicsomleves [porrodditschomläwäsch]	Tomatensuppe
raguleves [rogguläwäsch]	Gemüsesuppe mit Fleischragout
tyúkhúsleves [tjuhkhuhschläwäsch]	Fleischbrühe
zöldségleves [söldschehgläwäsch]	Gemüsesuppe

Halak — Fische

angolna [onngolno]	Aal
békacomb [behkozzomb]	Froschschenkel
csuka [tschuko]	Hecht
fogas/süllő [fogosch/schüllöh]	Zander
harcsa [horrtscho]	Wels
kecsege [kätschägä]	Stör
lazac [losozz]	Lachs
pisztráng [pisstrahng]	Forelle
ponty [pontj]	Karpfen
tonhal [tonholl]	Thunfisch
főtt [föhtt]	gesotten
füstölt [füschtölt]	geräuchert
pácolt [pahzolt]	mariniert
panírozott [ponnihrosott]	paniert
roston sült [roschton schült]	vom Rost
sült [schült]	gebraten

Húsételek	Fleischgerichte
báránypaprikás [bahrahnjpopprikahsch]	Lammpaprika mit Sauerrahm
bécsi szelet [behtschi ssälät]	Wiener Schnitzel
bélszínjava [behlssihnjowwo]	Beefsteak
birkapörkölt [birkoppörkölt]	Schafsgulasch
borjúpaprikás [borjuhpopprikahsch]	Kalbsgulasch mit Rahmsoße
főtt marhahús [föhtt morrhahuhsch]	gekochtes Rindfleisch
hagymás rostélyos [hoddjmahsch roschtehjosch]	Zwiebelrostbraten
malacpecsenye [mollazpätschänjä]	Spanferkelbraten
naturszelet [notturssälät]	Naturschnitzel
pirított máj [pirihtott mahj]	geschnetzelte Leber
rablóhús nyárson [robblohhuhsch njahrschon]	Räuberbraten am Spieß
sertéskaraj [schärtehschkorrojj]	Schweinekotelett
sült kolbász [schült kolbahss]	Bratwurst
vagdalt [woggdollt]	Hackfleisch, Frikasse

Nemzeti ételek	Nationalgerichte
bográcsgulyás [bograhtschgujahsch]	Kesselgulasch
csirkepaprikás [tschirkäpopprikahsch]	Paprikahähnchen mit Sauerrahmsoße
gulyásleves [gujahschläwäsch]	Gulaschsuppe
Gundel palacsinta [gundäl pollottschinto]	Palatschinken mit Nußfüllung und Schokoladensoße
halászlé [hollahssleh]	scharfe Fischsuppe
hideg meggyleves [hidäg mäddjläwäsch]	kalte Sauerkirschsuppe
káposztás kocka [kahpposstahsch kozko]	Krautfleckchen
kapros-túrós rétes [kopprosch tuhrohsch rehtäsch]	Quarkstrudel mit Dill
lecsó [lätschoh]	gekochte Paprikaschoten, Tomaten und Zwiebeln
máglyarakás [mahgjorrockahsch]	Semmelschmarren mit Äpfeln
somlói galuska [schomlohi golluschko]	Schomlauer Nockerl
töltött káposzta [töltött kahpossto]	mit Fleisch gefülltes Kraut
töltött paprika [töltött poppriko]	mit Fleisch gefüllte Paprikaschoten
túrós csusza pirított szalannával [tuhrohsch tschusso pirihtott ssollonnahwoll]	Topfennudeln mit saurer Sahne und Griebe

Vad és szárnyas | Wild und Geflügel

csirke [tschirkä]	Hähnchen
fácán [fahzahn]	Fasan
fogoly [fogoj]	Rebhuhn
házinyúl [hahsinjuhl]	Kaninchen
jérce [jehrzä]	Henne
kakas [kockosch]	Hahn
nyúl [njuhl]	Hase
őz [öhs]	Reh
pulyka [pujko]	Truthahn
szarvas [ssorrwosch]	Hirsch
tyúk [tjuhk]	Huhn
vaddisznó [woddissnoh]	Wildschwein
(vad)kacsa [(wodd)kottscho]	(Wild)ente
(vad)liba [(wodd)libo]	(Wild)gans

Zöldség | Gemüse

bab [bobb]	Bohnen
borsó [borschoh]	Erbsen
burgonya/krumpli [burgonjo/krumpli]	Kartoffel
fokhagyma [fokhoddjmo]	Knoblauch
gomba [gombo]	Pilze
hagyma [hoddjmo]	Zwiebel
káposzta [kahpossto]	Kohl
karfiol [korrfiol]	Blumenkohl
kelbimbó [kälbimboh]	Rosenkohl
kelkáposzta [kälkahpossto]	Wirsing
lencse [läntschä]	Linsen
paprika [poppriko]	Paprika
paradicsom [porrodditschom]	Tomaten
póréhagyma [pohrehhoddjmo]	Porree
retek [rätäk]	Radieschen
sárgarépa [schahrgorrehpo]	Karotten
spárga [schpahrgo]	Spargel
spenót [schpänoht]	Spinat

Köretek | Beilagen

főtt burgonya [föhtt burgonjo]	Salzkartoffeln
galuska [golluschko]	Nockerln
hasábburgonya [hoschahbburgonjo]	Pommes frites
makaróni [mockorrohni]	Makkaroni
rizs [risch]	Reis
spagetti [schpoggätti]	Spaghetti
sült burgonya [schült burgonjo]	Bratkartoffeln
tarhonya [torrhonjo]	Eiergraupen
(zsemle)gombóc [(schämlä)gombohz]	(Semmel)knödel

Saláták / Salate

céklasaláta [zehkloschollahto]	Rote-Rüben-Salat
csalamádé [tschollommahdeh]	Paprikaschoten und grüne Tomaten, süß-sauer eingemacht
ecetes paprika [äzätäsch poppriko]	Apfelpaprika in Essig
fejes saláta [fäjäsch schollahto]	Kopfsalat
kovászos uborka [kowahssosch uborko]	Salzgurken
paradicsomsaláta [porrodditschomschollahto]	Tomatensalat
tejfölös uborkasaláta [täjfölösch uborkoschollahto]	Gurkensalat im Rahm
vegyes saláta [wädjäsch schollahto]	gemischter Salat

Tojásételek / Eierspeisen

gombás rántotta [gombahsch rahntotto]	Rühreier mit Pilzen
keménytojás [kämehnjtojahsch]	hartgekochte Eier
lágytojás [lahdjtojahsch]	weiche Eier
omlett sajttal [omlätt schojjttoll]	Omelette mit Käse
rántotta [rahntotto]	Rühreier
tükörtojás [tükörtojahsch]	Spiegelei

Sajt / Käse

Bakony camembert [bockonj kommämbärt]	Bakonyer Camembert
göcseji [götschäji]	Göcsejer Butterkäse
juh gomolya [juh gomojo]	Schafskäse
márványsajt [mahrwahnjschojjt]	Marmorkäse (Schimmelkäse)
parenyica [porränjizo]	geräucherter Käse
trappista [troppischto]	Trappistenkäse

Édességek / Süßigkeiten

befőtt [bäföhtt]	Eingemachtes
csokoládétorta [tschokolahdehtorto]	Schokoladentorte
dobostorta [doboschtorto]	Dobostorte (aus 6 Schichten Bisquitteig, mit Schokoladencreme und Karamelglasur)
gesztenyepüré [gässtänjäpüreh]	Kastanienpüree
gyümölcssaláta [djümöltschschollahto]	Obstsalat
kompót [kompoht]	Kompott
krémes [krehmäsch]	Cremeschnitte
parfé [porrfeh]	Halbgefrorenes
piskótaszelet [pischkohtossälät]	Sandtorte
sütemény [schütämehnj]	Kuchen
túrós lepény [tuhrohsch läpehnj]	Käsekuchen
vajaskrémtorta [wojjoschkrehmtorto]	Buttercremetorte

Gyümölcs | Obst

Gyümölcs	Obst
alma [ollmo]	Apfel
citrom [zitrom]	Zitrone
cseresznye [tschärässnjä]	Kirsche
dinnye [dinnjä]	Melone
dió [dioh]	Nuß
eper [äpär]	Erdbeere
körte [körtä]	Birne
mandula [monndulo]	Mandeln
málna [mahlno]	Himbeere
meggy [mäddj]	Sauerkirsche
narancs [norronntsch]	Apfelsine
őszibarack [öhssiborrozzk]	Pfirsisch
sárgabarack [schahrgobborrozzk]	Aprikose
sárgadinnye [schahrgoddinnjä]	Zuckermelone
szilva [ssilwo]	Pflaume
szőlő [ssöhlöh]	Traube

Eszpresszó, Fagylaltozó | Café, Eisdiele

Eszpresszó, Fagylaltozó	Café, Eisdiele
adag [oddogg]	Portion
csokoládéfagylalt [tschokolahdehfoddjlollt]	Schokoladeneis
csokoládé [tschokolahdeh]	Schokolade
feketekávé [fäkätäkahweh]	schwarzer Kaffee
(gyümölcs)fagylalt [(djümöltsch)foddjlollt]	(Frucht)eis
fagylaltkehely [foddjlolltkähäj]	Eisbecher
gyógyteát [djohdjtäo]	Kräutertee
jegeskávé [jägäschkahweh]	Eiskaffee
kávé tejjel [kahweh täjjäl]	Kaffee mit Milch
koffeinmentes kávé [koffäinmäntäsch kahweh]	koffeinfreier Kaffee
kuglóf [kuglohf]	Napfkuchen
sütemény [schütämehnj]	Kuchen
teasütemény [täoschütämehnj]	Teegebäck
tea tejjel/citrommal [täo täjjäl/zitrommoll]	Tee mit Milch/Zitrone
tej [täj]	Milch
tejeskávé [täjäschkahweh]	Milchkaffee
tejszínhab [täjssihnhobb]	Sahne

Itallap
Getränkekarte

Borok	Wein
édes [ehdäsch]	süß
fehér [fähehr]	weiß
könnyű [könnjüh]	leicht
öreg [öräg]	alt
rozé [roseh]	rosé
száraz/fanyar [ssahros/fanjorr]	herb
vörös [wörösch]	rot
asztali bor [osstolli bor]	Tafelwein
pezsgő [päschgöh]	Champagner, Sekt
forralt bor [forrollt bor]	Glühwein
fröccs [frötschsch]	Gespritzter, Schorle
kisfröccs [kischfrötschsch]	Schorle mit 1/2 Wein
nagyfröccs [nottjfrötschsch]	Schorle mit 2/3 Wein
minőségi bor [minöhschehgi bor]	Qualitätswein
palackos bor [pollozzkosch bor]	Flaschenwein
pezsgőbor [päschgöhbor]	Schaumwein

Fehér borok	Weißweine
egri leányka [ägri läahnjko]	Erlauer Mädchen- traube
ezerjó [äsärjoh]	Tausendgut
kéknyelű [kehknjälüh]	Blaustengler
muskotály [muschkotahj]	Muskateller
olaszrizling [olossrisling]	Welschriesling
szürkebarát [ssürkäborraht]	Graumönch
tokaji [tokojji]	Tokajer
zöldszilváni [sölzilwahni]	Grünsilvaner

Vörös borok	Rotweine
egri bikavér [ägri bikowwehr]	Erlauer Stierblut
kékfrankos [kehkfronnkosch]	Blaufränkler

Szeszes italok	Alkoholische Getränke
gyomorkeserű [djomorkäschärüh]	Magenbitter
kisüsti [kischüschti]	Hausgebrannter
koktél [koktehl]	Cocktail
konyak [konjock]	Cognac
likőr [liköhr]	Likör
pálinka [pahlinko]	Schnaps
barackpálinka [borrozzkpahlinko]	Aprikosen-Brandy
cseresznyepálinka [tschärässnjäpahlinko]	Kirschwasser
szilvapálinka [ssilwoppahlinko]	Pflaumengeist
vermut [wärmut]	Wermut

"Alkohol ist in kleinen Mengen Arznei, in großen Mengen Medizin" sagt der Volksmund.
Möglicherweise ist auch etwas dran, denn der berühmteste Wein Ungarns, der Tokajer (tokaji [tokojji] = "Wein der Könige, König der Weine") wurde früher auch in den Apotheken verkauft.

Alkoholmentes italok	Alkoholfreie Getränke
almalé [ollmolleh]	Apfelsaft
(ásvány)víz [(ahschwahnj)wihs]	(Mineral)wasser
gyümölcslé [djümöltschleh]	Fruchtsaft
limonádé [limonahdeh]	Limonade
must [muscht]	Most
narancslé [norronntschleh]	Orangensaft
paradicsomlé [porrodditschomleh]	Tomatensaft
szódavíz [ssohdowwihs]	Sodawasser
szörp [ssörp]	Fruchtsaftkonzentrat mit Sodawasser

International bekannte Getränke werden unter ihrer weltweit gebräuchlichen Bezeichnung angeboten.

Nehmen Sie Kreditkarten?

offen... nyitva [njitwo]   geschlossen........ zárva [sahrwo]
Betriebsferien ... szabadság miatt zárva
               [ssobbottschschahg miott sahrwo]

Wo finde ich ...?	Hol találok ...? [hol tollalok]
Können Sie mir ein ... geschäft empfehlen?	Tudna nekem egy ... üzletet ajánlani? [tudno näkäm ädj ... üslätät ojjanlonni]
Ich möchte ...	Szeretnék ... [schärätnehk ...]
Haben Sie ...?	Van ...? [wonn ...]
Ich nehme es.	Megveszem. [mägwässäm]
Wieviel kostet es?	Mibe/Mennyibe kerül? [mibä/männjibä kärül]
Nehmen Sie ...	Elfogad ... [älfogodd]
Euroschecks?	eurocsekket? [äurohtschäckät]
Kreditkarten?	hitelkártyát? [hitälkahrtjaht]

Antiquariat	antikvárium [onntikwahrium]
Antiquitätengeschäft	régiségkereskedés [rehgischehgkäräschkädehsch]
Apotheke	gyógyszertár [djohdjsärtahr] → S. 42 f.
Bäckerei	pékség [pehkschehg]
Blumengeschäft	virágbolt [wirahgbolt]

"Die Katze im Sack"

"Zsákbamacska" [schahkbommottschko] *("Die Katze im Sack").*
Diesen Ausdruck gibt es auch im Ungarischen: *"zsákbamacskát vesz"* [schahkbommottschkaht wäss] *"die Katze im Sack kaufen"*

Buchhandlung	könyvesbolt [könjwäschbolt]
Drogerie	drogéria [drogehrio] → S. 44
Elektrohandlung	villamos cikkek boltja [willommosch zickäk boltjo] → S. 45
Flohmarkt	bolhapiac [bolhoppiaz]
Fotogeschäft	ofotért [ofotehrt] → S. 45
Friseur	fodrász [fodrahss] → S. 46
Gemüsehändler	zöldségkereskedő [söldschehgkäräschkädöh]
Haushaltswarengeschäft	háztartási bolt [hahsstorrtahschi bolt] → S. 47
Juwelier	ékszerész [ehkssärehss] → S. 51
Kaufhaus	áruház [ahruhahs]
Konditorei	cukrászda [zukrahsdo]
Lebensmittelgeschäft	élelmiszerbolt [ehlälmissärbolt] → S. 47 f.
Markt	piac [piaz]
Metzgerei	húsbolt [huhschbolt]
Optiker	látszerész [lahtssärehss] → S. 51
Parfümerie	illatszerbolt [illottsärbolt]
Reisebüro	utazási iroda [utosahschi irodo]
Schuhgeschäft	cipőbolt [zipöhbolt] → S. 50
Spielwarengeschäft	játékbolt [jahtehkbolt]
Spirituosengeschäft	italáru-üzlet [itollahruüslät]
Tabakladen	dohánybolt/trafik [dohahnjbolt/troffik] → S. 52
Weinhandlung	borkereskedés [borkäräschkädehsch]
Zeitungshändler	újságárus [uhjschahgahrusch]

APOTHEKE	GYÓGYSZERTÁRBAN [djohdjsärtahrbonn]
Wo ist die nächste Apotheke (mit Nachtdienst)?	Hol van a legközelebbi (éjjel-nappali) gyógyszertár (patika)? [hol wonn o läckösäläbbi (ehjjälnoppolli) djodjsärtahr (pottiko)]
Geben Sie mir bitte etwas gegen ...	Adjon kérem valamit ... ellen. [oddjon kehräm wollommit ... ällän]

innerlich	belsőleg [bälschöhläg]
äußerlich	külsőleg [külschöhläg]
vor dem Essen	evés előtt [äwehsch älöhtt]
nach dem Essen	evés után [äwehsch utahn]

Abführmittel	**hashajtó** [hoschhojtoh]
Antibabypille	**antibébi-tabletta** [onntibehbi-tobblätto]
Antibiotikum	**antibiotikum** [onntibiotikum]
Aspirin	**aszpirin** [osspirin]
Augentropfen	**szemcsepp** [ssämtschäpp]
Beruhigungsmittel	**nyugtató** [njugtottoh]
Brandsalbe	**égési sebre való kenőcs** [ehgehschi schäbrä wolloh känöhtsch]
Desinfektionsmittel	**fertőtlenítőszer** [färtöhtlänihtöhssär]
Fieberthermometer	**lázmérő** [lahsmehröh]
Gegengift	**ellenméreg** [ällänmehräg]
Gurgelwasser	**toroköblögető folyadék** [toroköblögätöh fojoddehk]
Halstabletten	**torokfájás elleni tabletta** [tokfahjahsch älläni tobblätto]
Hustensaft	**köptető** [köptätöh]
Insektenmittel	**rovarirtó** [roworrirtoh]
Insulin	**inzulin** [insulin]
Jod(tinktur)	**jód(tinktúra)** [johd(tinktuhro)]
Kamillentee	**kamillatea** [kommillottäo]
Kondom	**kondom** [kondom], **koton** [koton]
Kopfschmerztabletten	**fejfájás elleni tabletta** [fäjfahjahsch älläni tobblätto]
Kreislaufmittel	**vérkeringési zavar elleni szer** [wehrkäringehschi sowworr älläni ssär]
Magentropfen	**gyomorfájás elleni cseppek** [djomorfahjahsch älläni tschäppäk]
Medikament	**gyógyszer/orvosság** [djohdjsär/orwoschschahg]
Mittel	**szer** [ssär]
Mullbinde	**mullpólya/géz** [mullpohjo/gehs]
Nebenwirkungen	**mellékhatások** [mällehkhottahschok]
Ohrentropfen	**fülcsepp** [fültschäpp]
Pflaster	**sebtapasz** [schäbtopposs]
Puder	**púder** [puhdär]
Rezept	**recept** [räzäpt]
Salbe	**kenőcs** [känöhtsch]
Schlaftabletten	**altató** [olltottoh]
Schmerztabletten	**fájdalomcsillapító** [fahjdollomtschilloppihtoh]
Sonnenbrand	**égés** [ehgehsch]
Tablette	**tabletta** [tobblätto]
Traubenzucker	**szőlőcukor** [ssöhlöhzukor]
Tropfen	**cseppek** [tschäppäk]
Zäpfchen	**kúp** [kuhp]

Bürste	kefe [käfä]
Creme	krém [krehm]
Damenbinden	egészségügyi betét [ägehschschehgüdji bäteht]
Deo(dorant)	dezodor [däsodor]
Haar|bürste	hajkefe [hojjkäfä]
~festiger	hajfixzáló [hojjfikssahloh]
~waschmittel	sampon [schommpon]
Kamm	fésű [fehschüh]
Körpermilch	testápoló tej [täschtahpoloh täj]
Lichtschutzfaktor	fényvédő faktor [fehnjwehdöh focktor]
Lidschatten	szemhéjfesték [ssämhehjfäschtehk]
Lippenstift	rúzs [ruhsch]
Nagel|feile	körömreszelő [körömrässälöh]
~lack	körömlakk [körömlock]
~schere	körömvágo olló [körömwahgoh olloh]
Papiertaschentücher	papírzsebkendő [poppihrschäbkändöh]
Parfüm	parfüm [porrfüm]
Pflaster	tapasz [topposs]
Pinzette	csipesz [tschipäss]
Präservativ	óvszer [ohwssär]
Puder	púder/hintőpor [puhdär/hintöhpor]
Rasier|apparat	borotva [borotwo]
~klinge	borotvapenge [borotwoppängä]
~pinsel	borotvaecset [borotwaätschät]
~seife	borotvaszappan [borotwossopponn]
~wasser	arcvíz [orrzwihs]
Saugflasche	szívópalack [ssihwohpollozzk]
Schnuller	cumi [zumi]
Seife	szappan [ssopponn]
Sicherheitsnadeln	biztosítótű [bisstoschihtohtüh]
Sonnencreme	napozókrém [nopposohkrehm]
Spiegel	tükör [tükör]
Tampons	tampon [tommpon]
Toilettenpapier	vécépapír [wehzehpoppihr]
Waschlappen	mosdókesztyű/mosogatórongy [moschdohkästjüh/moschogottohrondj]
Wimperntusche	szempillatus [ssämpillottusch]
Windeln	pelenka [pälänko]
Zahn|bürste	fogkefe [fogkäfä]
~pasta	fogkrém [fogkrehm]

ELEKTROHANDLUNG

VILLAMOS CIKKEK BOLTJA
[willommosch zickäk boltjo]

Adapter	adapter [oddopptär]
Batterie	elem [äläm]
CD/Compactdisc	CD [zehdeh]
Fön	hajszárító [hojjssahrihtoh]
Kassette	kazetta [kosätto]
Kopfhörer	fejhallgató [fäjhollgottoh]
Schallplatte	hanglemez [honnglämäs]
Stecker	dugós csatlakozó [dugohsch tschottlockosoh]
Taschenlampe	zseblámpa [schäblahmpo]
Video|film	videofilm [widäofilm]
~kamera	videokamera [widäokommäro]
~kassette	videokazetta [widäokosätto]
~rekorder	videomagnó [widäomoggnoh]
Walkman	walkman [wohkmän]

FOTOARTIKEL

FOTÓCIKKEK [fotohzickäk]

Ich möchte ...	Kérek ... [kehräk]
einen Film für diesen Fotoapparat.	egy filmet ehhez a fényképezőgéphez. [ädj filmät äbbä o fehnjkehpäsöhgehpbä]
einen Farbfilm (für Dias).	egy színes filmet (diákhoz). [ädj ssihnäsch filmät (diahkhos)]
Könnten Sie mir bitte den Film einlegen?	Betenné nekem a filmet? [bätänneh näkäm o filmät]
Der Sucher/Der Auslöser funktioniert nicht.	A kereső/a kioldó rossz. [o käräschöh/o kioldoh ross]
Das ist kaputt. Können Sie es bitte reparieren?	Ez elromlott. Meg tudná javítani? [äs älromlott. mäg tudnah jowwihtonni]

Auslöser	kioldó [kioldoh]
Blitzgerät, Blitzwürfel	vaku [wocku]
Farbfilm	színes film [sihnäsch film]
Film|empfindlichkeit	filmérzékenység [filmehrsehkänjschehg]
~kamera	kamera [kommäro]
Linse	lencse [läntschä]
Objektiv	objektív [objäktihw]
Schwarzweiß-Film	fekete-fehér film [fäkätä fähehr film]
Teleobjektiv	teleobjektiv [täläobjäktihw]

45

FRISEUR / FODRÁSZ [fodrahss]

Kann ich mich für morgen anmelden?
Bejelentkezhetek holnapra? [bäjäläntkäshätäk hollnoppro]

Waschen und fönen, bitte.
Kérem mosni és szárítani/berakni. [kehräm moschni ehsch ssahrihtonni/bärockni]

Schneiden mit/ohne Waschen, bitte.
Kérem vágni mosással/mosás nélkül. [kehräm wahgni moschahschscholl/moschahsch nehlkül]

Ich möchte ...
  eine Dauerwelle.

  mir die Haare färben/ tönen lassen.
Szeretnék ... [ssärätnehk]
  egy tartóshullámot. [ädj torrtohschhullahmot]
  hajat festetni/színeztetni. [hojjott fäschtätni/ssihnässtätni]

Etwas kürzer/ Nicht zu kurz/ Ganz kurz, ... bitte.
Kicsit rövidebbre [kitschit röwidäbbrä]/ Ne túl rövidre [nä tuhl röwidrä]/ Egész rövidre [ägehss röwidrä], ... kérem. [kehräm]

Rasieren, bitte.
Borotválást kérek. [borotwahlahscht kehräk]

Stutzen Sie mir bitte den Bart.
Nyírja meg a szakállamat kérem. [njihrjo mäg o ssockahllommott kehräm]

Vielen Dank. So ist es gut.
Köszönöm. Így jó. [kössönöm. ihdj joh]

Bart	szakáll [ssockahll]
blond	szőke [ssöhkä]
Dauerwelle	tartóshullám [torrtohschhullahm]
färben	fest [fäscht]
fönen	szárít [ssahriht]
frisieren	frizíroz [frisihros]
Frisur	frizura [frisuro]
Haar	haj [hojj]
~schnitt	(haj)vágás [(hojj)wahgahsch]
kämmen	fésül [fehschül]
legen	berak [bärock]
Locken	hajfürt [hojjfürt]
~wickler	hajcsavaró [hojjtschowworroh]
Perücke	paróka [porrohko]
Pony	frufru [frufru]
Scheitel	választék [wahlosstehk]
Schnurrbart	bajusz [bojjuss]
Schuppen	korpa [korpo]
Shampoo	sampon [schommpon]
tönen	színez [ssihnäs]

EINKAUFEN

HAUSHALTSWAREN   HÁZTARTÁSI CIKKEK
[hahstorrtahschi zickäk]

Brennspiritus	spiritusz [schpirituss]
Dosenöffner	konzervnyitó [konsärwnjitoh]
Eßbesteck	evőeszköz [äwöhässkös]
Flaschenöffner	sörnyitó [schörnjitoh]
Grill	grill [grill]
~anzünder	grillgyújtó [grilldjuhjtoh]
~kohle	grillszén [grillssehn]
Kerzen	gyertya [djärtjo]
Korkenzieher	dugóhúzó [dugohhuhsoh]
Papierservietten	papírszalvéta [poppihrssollwehto]
Petroleum	petróleum [pätrohläum]
Plastikbeutel	nylon zacskó [nahjlon sottschkoh]
Sonnenschirm	napernyő [noppärnjöh]
Taschenmesser	zsebkés [schäpkehsch]

LEBENSMITTEL   ÉLELMISZER [ehlälmissär]

Eine ausführliche Übersicht von Lebensmitteln und Gerichten finden Sie im Kapitel ESSEN & TRINKEN auf Seite 33 ff.

Was darf es sein?	Mit adhatok? [mit oddhottok]
Geben Sie mir bitte ...	Adjon kérem ... [oddjon kehräm]
ein Kilo ...	egy kiló ... t. [ädj kiloh ... t]
ein Stück von ...	egy ...t. [ädj ... t]
eine Packung ...	egy csomag ...t. [ädj tschomogg ... t]
ein Glas ...	egy üveg ...t. [ädj üwäg ... t]
eine Dose ...	egy doboz ...t. [ädj dobos ... t]
eine Flasche ...	egy üveg ...t. [ädj üwäg ... t]
eine Einkaufstüte.	egy zacskót. [ädj sottschkoht]
Darf es sonst noch etwas sein?	Adhatok még valamit? [oddhottok mehg wollommit]
Danke, das ist alles.	Köszönöm, ez minden. [kössönöm äs mindän]

Mit einem anderen Maß

Außer den in Deutschland üblichen Maßeinheiten werden in Ungarn noch folgende Maße hauptsächlich in der Umgangssprache verwendet:
10 Gramm = 1 dkg = egy deka(gramm) [ädj däko(gromm)]
100 Gramm = 10 dkg = tíz deka(gramm) [ädj däko(gromm)]
1/10 Liter = 1 dl = egy deci(liter) [ädj däzi(litär)]

Aufschnitt	felvágott [fälwahgott]
Babynahrung	bébiétel [behbiehtäl]
Bier	sör [schör]
alkoholfreies ~	alkoholmentes sör
	[ollkoholmäntäsch schör]
Brot	kenyér [känjehr]
Brötchen	zsemle [schämlä] → S.33
Butter	vaj [wojj]
Eier	tojás [tojahsch]
Eis	fagylalt [foddjlollt] → S.38
Fisch	hal [holl] → S.34
Fleisch	hús [huhsch] → S.35 f.
frisch	friss [frischsch]
Gebäck	péksütemény [päkschütämehnj]
	→ S.37
Geflügel	szárnyas [ssahnjosch] → S.36
Gemüse	zöldség [söldschehg] → S.36
Hackfleisch	vagdalt hús [woggdollt huhsch]
Joghurt	joghurt [joghurt]
Kaffee	kávé [kahweh] → S.38
Käse	sajt [schojjt] → S.37
Kekse	keksz [kekss]
Knoblauch	fokhagyma [fokhodjmo]
Konserven	konzerv [konsärw]
Kuchen	sütemény [ssütämehnj] → S.37
Limonade	limonádé [limonahdeh] → S.40
Margarine	margarin [morrgorrin]
Marmelade	lekvár [lägwahr] → S.33
Mayonnaise	majonéz [mojjonehs]
Mehl	liszt [lisst]
Milch	tej [täj]
Mineralwasser	ásványvíz [ahschwahnjwihs]
Nudeln	metélt tészták
	[mätehlt tehsstahk]
Nüsse	dió [dioh]
Obst	gyümölcs [djümöltsch] → S.38
Öl	olaj [ölojj]
Orangensaft	narancslé [norronntschleh]
Sahne	tejszínhab [täjssihnhobb]
Salat	saláta [schollahto]
Salz	só [schoh]
Schokolade	csokoládé [tschokolahdeh] → S.38
Senf	mustár [muschtahr]
Suppe	leves [läwäsch]
Süßigkeiten	édesség [ehdäschschehg] → S.37
Tee	tea [täo] → S.38
~beutel	zacskós tea [sottschkohsch täo]
Toast	pirítós [pirihtohsch]
Wein	bor [bor] → S.39
Würstchen	virsli [wirschli]

MODE	**DIVAT** [diwott]

Können Sie mir ... zeigen?	Tudna nekem egy ... t mutatni? [tudno näkäm ädj ... t mutottni]
Kann ich es anprobieren?	Felpróbálhatom? [fälprohbahlhottom]
Welche (Konfektions-) Größe haben Sie?	Milyen méretet hord? [mijän mehrätät hord]

Das ist mir zu ...
  eng/weit.
  kurz/lang.
  klein/groß.
	Ez nekem túl ... [äss näkäm tuhl]
	  szűk/bő. [ssük/böh]
	  rövid/hosszú. [röwid/hossuh]
	  kicsi/nagy. [kitschi/nodj]

Das paßt gut.	Ez jó. [äss joh]
Ich nehme es.	Ezt veszem. [ässt wässäm]
Das ist nicht ganz, was ich möchte.	Ez nem egészen az, amit szeretnék. [äss näm ägehssän os ommit ssärätnehk]

Abendkleid	estélyi ruha [äschtehji ruho]
Anorak	anorák [onnorahk]
Anzug	öltöny [öltönj]
Bade|anzug	fürdőruha [fürdöhruho]
~hose	fürdőnadrág [fürdöhnoddrahg]
~mantel	fürdőköpeny [fürdöhköpänj]
Bikini	bikini [bikini]
Blazer	blézer [blehsär]
Bluse	blúz [bluhs]
bügelfrei	nem vasalandó [näm woschollonndoh]
Büstenhalter	melltartó [mältorrtoh]
chemisch reinigen	vegyileg tisztít [wädjiläg tisstiht]
Farbe	szín [ssihn]
Gürtel	öv [öw]
Hand|schuhe	kesztyű [kästjüh]
~tasche	kézitáska [kehsitahschko]
Hemd	ing [ing]
Hose	nadrág [noddrahg]
Hut	kalap [kollopp]
Jacke	dzseki [dschäki]

Baumwolle	pamut [pommut]
Frottee	frottír [frottihr]
Kunstfaser	műszál [mühssahl]
Leinen	len [län]
Seide	selyem [schäjäm]
Wolle	gyapjú [djoppjuh]

Jeans	farmer [forrmär]
Kleid	ruha [ruho]
Kostüm	kosztüm [kosstüm]
Krawatte	nyakkendő [njockändöh]
Mantel	bőrkabát [böhrkobbaht]
Morgenrock	pongyola [pondjolo]
Mütze	sapka [schoppko]
Nachthemd	hálóing [hahlohing]
Pullover	pulóver [pulohwär]
Pyjama	pizsama [pischommo]
Regenmantel	esőkabát [äschöhkobbaht]
Reißverschluß	cipzár [zipsahr]
Rock	szoknya [ssoknjo]
Sakko	zakó [sockoh]
Schal	sál [schahl]
Schirm	ernyő [ärnjöh]
Slip	bugyi [budji]
Socken	zokni [sokni]
Sommerkleid	nyári ruha [njahri ruho]
Strickjacke	kardigán [korrdigahn]
Strümpfe	harisnya [horrischnjo]
Strumpfhose	harisnyanadrág [horrischnjonnoddrahg]
Trainingsanzug	tréningruha [trehningruho] melegítő [mälägihtöh]
Unter|hemd	alsóing [ollschohing]
~hose	alsónadrág [ollschohnoddrahg]
~wäsche	alsónemű [ollschohnämüh]
Weste	mellény [mällehnj]

SCHUHGESCHÄFT — CIPŐBOLT [zipöhbolt]

Ich möchte ein Paar ...schuhe.	Szeretnék egy pár ...cipőt. [ssärätnehk edj pahr ...zipöht]
Ich habe Schuhgröße ...	A méretem ... [o mehrätäm]
Sie sind zu eng/weit.	Ez túl szűk/bő. [äs tuhl ssühk/böh]
Bitte noch ... eine Tube Schuhcreme./ ein Paar Schnürsenkel.	Kérek még ... [kehräk mehg] egy tubus cipőkrémet. [edj tubusch zipöhkrehmät] / egy pár cipőfűzőt. [edj pahr zipöhfühsöht]
Gummistiefel	gumicsizma [gumitschismo]
Sandalen	szandál [ssonndahl]
Schuh	cipő [zipöh]
~creme	cipőkrém [zipöhkrehm]
Stiefel	csizma [tschismo]
Turnschuhe	tornacipő [tornazipöh]

OPTIKER — LÁTSZERÉSZ [lahzsärehss]

Würden Sie mir bitte diese Brille reparieren?
Megjavítaná kérem ezt a szemüveget? [mägjowwihtonnah kehräm äst o ssämüwägät]

Ich bin kurzsichtig/weitsichtig.
Rövidlátó/Távollátó vagyok. [röwidlahtoh/tahwollahtoh wodjok]

Wie ist Ihre Sehstärke?
Milyen a szemerőssége? [mijän o ssämäröhschschehgä]

rechts ..., links ...
a jobb ..., a bal ... [o jobb ... o boll]

Wann kann ich die Brille abholen?
Mikor lesz kész a szemüveg? [mikor läss kehss o ssämüwäg]

Ich brauche ...
Szükségem van ... [ssükschehgäm wonn]

  Aufbewahrungslösung
  tartósító oldatra [torrtohschihtoh oldottro]

  Reinigungslösung
  tisztítófolyadékra [tisstihtohfojoddehkro]

  für harte/weiche Kontaktlinsen.
  kemény/lágy kontaktlencsére. [kämehnj/lahdj kontocktläntschehrä]

Ich suche ...
... keresek. [käräschäk]
  eine Sonnenbrille.
  Napszemüveget ... [noppssämüwägät]
  ein Fernglas.
  Távcsőt ... [tahwtschöht]

SCHMUCKWAREN — ÉKSZER [ehkssär]

Meine Uhr geht nicht mehr. Können Sie mal nachsehen?
Megállt az órám. Meg tudná javítani? [mägahllt os ohrahm, mäg tudnah jowwihtonni]

Ich möchte ein hübsches Andenken/Geschenk.
Szeretnék egy szép emléktárgyat/ajándékot. [ssärätnehk ädj ssehp ämlehktahrdjott/ojjahndehkot]

Anhänger	függő [függöh]
Armband	karkötő [korrkötöh]
~uhr	karóra [korrohro]
Brosche	bross [broschsch]
Gold	arany [orronnj]
Kette	lánc [lahnz]
Kristall	kristály [krischtahj]
Modeschmuck	divatékszer [diwottehksär]
Ohrringe	fülbevaló [fülbäwolloh]
Perle	gyöngy [djöndj]
Ring	gyűrű [djührüh]
Schmuck	ékszer [ehkssär]
Silber	ezüst [äsüscht]

SCHREIBWAREN

KÖNYV ÉS ÍRÓSZEREK
[könjw ehsch ihrohsäräk]

Ich hätte gern ...
eine deutsche Zeitung.
eine Zeitschrift.
einen Reiseführer.

Szeretnék egy ... [ssärätnehk ädj]
német újságot. [nehmät uhjschahgot]
folyóiratot. [fojohirottot]
útikalauzt. [uhtikolloust]

Ansichtskarte	képeslap [kehpäschlopp]
Bleistift	ceruza [zäruso]
Brief|marke	bélyeg [behjäg]
~papier	levélpapír [läwehlpoppihr]
~umschlag	boríték [borihtäk]
Illustrierte	magazin [moggosin]
Klebstoff	ragasztó [roggosstoh]
Kugelschreiber	golyóstoll [gojohschtoll]
Landkarte	térkép [tehrkehp]
Notizblock	jegyzettömb [jädjsättömb]
Papier	papír [poppihr]
Radiergummi	radír [roddihr]
Reiseführer	útikalauz [uhtikollous]
Roman	regény [rägehnj]
Spielkarten	(játék)kártya [(jahtehk)kahrtjo]
Stadtplan	várostérkép [wahroschtehrkehp]
Straßenkarte	autótérkép [outohtehrkehp]
Taschenbuch	zsebkönyv [schäpkönjw]
Wanderkarte	turistatérkép [turischtottehrkehp]
Zeichenblock	rajztömb [rojjstömb]
Zeitschrift	fölyóirat [fojohirott]
Zeitung	újság [uhjschahg]

TABAKWAREN

DOHÁNYÁRU [dohahnjahru]

Ein Päckchen/Eine
Stange ... Zigaretten mit/
ohne Filter, bitte.

Kérek egy doboz/rúd ... cigarettát
füstszűrővel/füstszűrő nélkül.
[kehräk ädj dobos/ruhd zigorrättaht
füschtssühröhwäl/füschtssühröh nehlkül]

Zehn Zigarren/Zigarillos,
bitte.

Kérek tíz szivart/cigarillót.
[kehräk tihs ssiworrt/ssigorrilloht]

Ein Päckchen/Eine Dose
(Pfeifen-)Tabak, bitte.

Kérek egy csomag/doboz (pipa)do-
hányt. [kehräk ädj tschomogg/doboss
(pipa)dohahnjt]

Eine Schachtel Streichhöl-
zer/Ein Feuerzeug, bitte.

Kérek egy doboz gyufát/egy öngyújtót.
[kehräk ädj dobos djufaht/ädj
öndjuhjtoht]

Ein Doppelzimmer, bitte

Können Sie mir bitte ... empfehlen?
  ein gutes Hotel
  eine Pension

Tudna ajánlani egy ...
[tudno ojjahnlonni ädj]
  jó szállodát? [joh ssahllodaht]
  panziót? [ponnsioht]

Gibt es hier eine Jugendherberge/einen Campingplatz?

Van itt egy ifjúsági szálló/egy kemping? [wonn itt ädj ifjuhschahgi ssahlloh/ädj kämping]

... IM HOTEL

REZEPTION

PORTA [porto]

Ich habe bei Ihnen ein Zimmer reserviert. Mein Name ist ...

Foglaltam önöknél egy szobát. ... a nevem. [foglolltomm önöknehl ädj ssobaht. ... o näwäm]

Haben Sie noch Zimmer frei?
  ... für eine Nacht.
  ... für zwei Tage.
  ... für eine Woche.

Van még szabad szobájuk?
[wonn mehg ssobbodd ssobahjuk]
  egy éjszakára [ädj ehjssockahro]
  két napra [keht noppro]
  egy hétre [ädj hehträ]

Nein, wir sind leider vollständig belegt.

Nem, sajnos telt házunk van.
[näm schojjnosch tält hahsunk wonn]

Ja, was für ein Zimmer wünschen Sie?
  ein Einzelzimmer

  ein Zweibettzimmer

  mit Dusche
  mit Bad

Igen, milyen szobát óhajt?
[igän mijän ssobaht ohhojjt]
  egy egyágyas szobát
  [ädj ädjahdjosch ssobaht]
  egy kétágyas szobát
  [ädj kehtahdjosch ssobaht]
  zuhannyal [suhonnjoll]
  fürdőszobával [fürdöhssobahwoll]

53

ein ruhiges Zimmer	egy nyugodt szobát [ädj njugott ssobaht]
mit Seeblick	kilátással a tóra [kilahtahschscholl o tohro]
Kann ich das Zimmer ansehen?	Megnézhetem a szobát? [mägnehshätäm o ssobaht]
Können Sie noch ein drittes Bett/Kinderbett dazustellen?	Be tud állítani egy harmadik ágyat/gyermekágyat? [bä tud ahllihtonni ädj horrmoddik ahdjott/djärmäkahdjott]
Was kostet das Zimmer mit ...	Mennyibe kerül a szoba ... [männjibä kärül o ssobo]
Frühstück?	reggelivel? [räggäliwäl]
Halbpension?	félpanzióval? [fehlponnsiohwoll]
Vollpension?	teljes panzióval? [täljäsch ponnsiohwoll]
Ab wann gibt es Frühstück?	Mikortól van reggeli? [mikortohl wonn räggäli]
Wo ist der Speisesaal?	Hol van az étterem? [hol wonn os ehttäräm]

Frühstück: ESSEN & TRINKEN, → S.33

Wecken Sie mich bitte morgen früh um ... Uhr.	Ébresszen kérem holnap reggel ... órakor. [ehbrässän kehräm holnopp räggäl ... ohrockor]
Bitte meinen Schlüssel.	Kérem a kulcsomat. [kehräm o kultschomott]

BEANSTANDUNGEN	PANASZ [ponnoss]
Das Zimmer ist nicht gereinigt worden.	A szobát nem takarították ki. [o ssobaht näm tockorrihtottahk ki]
Die Dusche ...	A zuhany ... [o suhonnj]
Die Spülung ...	Az öblítés ... [os öblihtehsch]
Die Heizung ...	A fűtés ... [o fühtehsch]
Das Licht ...	A lámpa ... [o lahmpo]
funktioniert nicht.	nem működik. [näm mühködik]
Es kommt kein (warmes) Wasser.	Nem folyik a (meleg) víz. [näm fojik a(mäläg) wihs]
Die Toilette/Das Waschbecken ist verstopft.	A W.C./A mosdókagyló eldugult. [o wehzeh/o moschdohkoddjloh äldugult]

54

ABREISE	**ELUTAZÁS** [älutosahsch]
Ich reise heute abend/ morgen um ... Uhr ab.	Ma este/holnap ... órakor elutazom. [mo äschtä/holnopp ...ohrockor älutosom]
Machen Sie bitte die Rechnung fertig.	Készítse el kérem a számlámat. [kehssihtschschä äl kehräm o ssahmlahmott]
Nehmen Sie deutsches Geld/Euroschecks?	Elfogad német márkát/eurócsekket? [älfogodd nehmät mahrkaht/äurohtschäckät]
Nehmen Sie Kreditkarten?	Elfogad hitelkártyát? [älfogodd hitälkahrtjaht]
Vielen Dank für alles! Auf Wiedersehen!	Nagyon köszönök mindent. Viszontlátásra. [noddjon kössönök mindänt. wissontlahtahschro]

Abendessen	vacsora [wottschoro]
Anmeldung	bejelentkezés [bäjäläntkäsehsch]
Badezimmer	fürdőszoba [fürdöhssobo]
Bett	ágy [ahdj]
~wäsche	ágynemű [ahdjnämüh]
Dusche	zuhany [suhonnj]
Empfangshalle	szállodahall [ssahllodoholl]
Etage	emelet [ämälät]
Fenster	ablak [obblock]
Fernsehraum	tévészoba [tehwehssobo]
Frühstück	reggeli [räggäli]
Frühstücksraum	reggelizőhelyiség [räggälisöhhäjischehg]
Halbpension	félpanzió [fehlponnsioh]
Handtuch	törölköző [törölkösöh]
Hauptsaison	főszezon [föhssäson]
Heizung	fűtés [fühtehsch]
Kinder|betreuung	gyermekmegőrzés [djärmäkmägöhrsehsch]
~bett	gyermekágy [djärmäkahdj]
Klimaanlage	légkondicionáló [lehkkondizionahloh]
Kopfkissen	fejpárna [fäjpahrno]
Lampe	lámpa [lahmpo]
Mittagessen	ebéd [äbehd]
Nachsaison	utószezon [utohssäson]
Nachttisch	éjjeliszekrény [ehjjälissäkrehnj]
~lampe	éjjelilámpa [ehjjälilahmpo]
Pension	panzió [ponnsioh]
Portier	portás [portahsch]
Radio	rádió [rahdioh]
reinigen	takarít/tisztít [tockorriht/tisstiht]
Reservierung	foglalás [foglollahsch]

Rezeption	recepció, **porta** [räzäpzioh, porto]
Safe	széf [ssehf]
Schlüssel	kulcs [kultsch]
Schrank	szekrény [ssäkrehnj]
Speisesaal	étterem [ehttäräm]
Steckdose	konnektor [konnäktor]
Stecker	konnektordugó [konnäktordugoh]
Toilette	WC/vécé [wehzeh]
Übernachtung	éjszakázás [ehjssockahsahsch]
Vollpension	teljes panzió [täljäsch ponnsioh]
Vorsaison	előszezon [älöhssäson]
Waschbecken	mosdókagyló [moschdohkoddjloh]
Wasser	víz [wihs]
~hahn	vízcsap [wihsstschopp]
Zimmer	szoba [ssobo]
~mädchen	szobalány [ssobollahnj]
Zwischenstecker	T-dugó [tehdugoh]

... IM FERIENHAUS

Ist der ... im Mietpreis enthalten?
Benne van a(z) ... a bérleti díjban?
[bännä wonn o(s) ... o behrläti dihjbonn]

   Stromverbrauch
    áramfogyasztás [ahrommfodjosstahsch]

   Wasserverbrauch
    vízfogyasztás [wihsfodjosstahsch]

Sind Haustiere erlaubt?
Szabad háziállatot hozni?
[ssobbodd hahsiahllottot hosni]

Wo bekommen wir die Schlüssel für das Haus/ die Wohnung?
Hol kapjuk meg a ház/a lakás kulcsát?
[hol koppjuk mäg o hahs/o lockahsch kultschaht]

Müssen wir die Endreinigung selbst übernehmen?
Nekünk kell elutazás előtt kitakarítani?
[näkünk käll älutosahsch älöhtt kitockorrihtonni]

Anreisetag	érkezési nap [ehrkäsehschi nopp]
Appartement	apartman [opporrtmonn]
Bungalow	faház/bungaló [fahahs/bungolloh]
Ferien | anlage	üdülőtelep [üdülöhtäläp]
~haus	nyaraló [njorrolloh]
~wohnung	nyaralólakás [njorrollohlockahsch]
Hausbesitzer	háztulajdonos [hahstulojjdonosch]
Haustiere	háziállat [hahsiahllott]
Herd	tűzhely [tühshäj]

Kaffeemaschine	kávéfőző [kahwehföhsöh]
Kochnische	főzőfülke [föhsöhfülkä]
Kühlschrank	hűtőszekrény [hühtöhssäkrehnj]
Miete	bér(leti díj) [behr(läti dihj)]
Müll	szemét [ssämeht]
Nebenkosten	mellékköltségek [mällehcköltschschehgäk]
Schlaf|couch	heverő [häwäröh]
~zimmer	hálószoba [hahlohssobo]
Strom	áram [ahromm]
Toaster	kenyérpirító [känjehrpirihtoh]
vermieten	kiad [kiodd]
Waschmaschine	mosógép [moschohgehp]

... AUF DEM CAMPINGPLATZ

Haben Sie noch Platz für einen Wohnwagen/ein Zelt?	Van még hely egy lakókocsinak/egy sátornak? [wonn mehk häj ädj lockohkotschinock/ädj schatornock]
Wie hoch ist die Gebühr pro Tag und Person?	Mennyit kell fizetni naponta és személyenként? [männjit käll fisätni nopponto ehsch ssämehjänkehnt]
Wie hoch ist die Gebühr für ...	Mennyit kell fizetni ... [männjit käll fisätni]
das Auto?	az autóért? [os outohehrt]
den Wohnwagen?	a lakókocsiért? [o lockohkotschiehrt]
das Zelt?	a sátorért? [o schahtorehrt]
Wir bleiben ... Tage.	(Mi) ... napot maradunk. [(mi) ... noppot morroddunk]
Wir bleiben ... Wochen.	(Mi) ... hetet maradunk. [(mi) ... hätät morroddunk]
Gibt es hier ein Lebensmittelgeschäft?	Van itt egy élelmiszerüzlet? [wonn itt ädj ehlälmissärüslät]
Wo sind die ...	Hol van a ... [hol wonn o]
Toiletten?	WC/vécé? [wehzeh]
Waschräume?	mosdó? [moschdoh]
Duschen?	tusoló? [tuscholoh]
Gibt es hier Stromanschluß?	Van itt elektromos csatlakozás? [wonn itt äläktromosch tschottlockosahsch]

Benutzungsgebühr	használati díj [hossnahlotti dihj]
Camping	kemping [kämping]
~platz	kemping [kämping]
Gas|flasche	gázpalack [gahsspollozzk]
~kocher	gázfőző [gahssföhsöh]
Geschirrspülbecken	mosogató [moschogottoh]
Kocher	főző [föhsöh]
leihen	kölcsönöz [költschönös]
Leihgebühr	kölcsönzési díj [költschönsehschi dihj]
Petroleumlampe	petroleumlámpa [pätroläumlahmpo]
Steckdose	konnektor [konnäktor]
Stecker	konnektordugó [konnäktordugoh]
Strom	áram [ahromm]
~anschluß	elektromos csatlakozás [äläktromosch tschottlockosahsch]
Trinkwasser	ivóvíz [iwohwihs]
Voranmeldung	előre bejelentkezés [älöhrä bäjäläntkäsehsch]
Wasser	víz [wihs]

... IN DER JUGENDHERBERGE

Kann ich bei Ihnen ...
   Bettwäsche
   einen Schlafsack
 ... leihen?
	Lehet önöknél ... [lähät önöknehl]
	   ágyneműt [adjnämüht]
	   hálózsákot [hahlohschahkot]
	 ... kölcsönözni? [költschönösni]

Die Eingangstür wird um 24 Uhr abgeschlossen.	A bejárati ajtót éjfélkor bezárják. [o bäjahrotti ojjtoht ehjfehlkor bäsahrjahk]

Bettwäsche	ágynemű [ahdjnämüh]
Jugendherberge	ifjúsági szálló [ifjuhschahgi ssahlloh]
Jugendherbergsausweis ..	diákszálló-igazolvány [diahkssahlloh igosolwahnj]
Mitgliedskarte	tagsági igazolvány [toggschahgi igosolwahnj]
Schlaf|saal	hálóterem [hahlohtäräm]
~sack	hálózsák [hahlohschahk]
Waschraum	mosdó [moschdoh]

Rein ins Vergnügen!

BAR/DISKOTHEK/ NACHTCLUB	**BÁR/DISZKÓ/ÉJSZAKAI MULATÓ** [bahr/disskoh/ehjssockoi mulottoh]

Gibt es hier eine gemütliche Kneipe?
Van itt valahol egy nyugodt, kedélyes vendéglő/kocsma? [wonn itt wollohol ädj njugott kädehjäsch wändehglöh/kotschmo]

Wo kann man hier tanzen gehen?
Hol lehet itt táncolni? [hol lähät itt tahnzolni]

Ist Abendgarderobe erwünscht?
Szükséges alkalmi öltözet? [ssükschehgäsch ollkollmi öltösät]

Im Eintrittspreis ist ein Getränk enthalten.
A belépőjegyben egy ital benne van. [o bälehpöhjädjbän ädj itoll bännä wonn]

Ein Bier, bitte.
Kérek egy sört. [kehräk ädj schört]

Das gleiche noch einmal.
Még egyszer ugyanazt. [mehg ädjsär udjonnosst]

Diese Runde übernehme ich.
Ezt a rundót én fizetem. [äst o rundoht ehn fisätäm]

Wollen wir (noch einmal) tanzen?
Táncolunk (még egyszer)? [tahnzolunk (mehg ädjsär)]

ausgehen	szórakozni megy [ssohrockosni mädj]
Band	együttes [ädjüttäsch]
Bar	bár [bahr]
Discjockey	lemezlovas [lämäslowosch]
Diskothek	diszkó [disskoh]
Folklore	folklór [folklohr]
~abend	folklórest [folklohräscht]
~musik	tánczene [tahnzsänä]
Kneipe	kocsma [kotschmo]
Live-Musik	élőzene [ehlöhsänä]
Nachtclub	éjszakai mulató [ehjssockoi mulottoh]
Show	show-műsor [schohmühschor]
Spielcasino	játékkaszinó [jahtehckossinoh]
tanzen	táncol [tahnzol]
Tanz|kapelle	tánczenekar [tahnzsänäkorr]
~musik	tánczene [tahnzsänä]
Türsteher	ajtónálló [ojjtohnahlloh]

Haben Sie einen Veranstaltungskalender für diese Woche?	Van rendezvénynaptárjuk erre a hétre? [wonn rändäswehnjnopptahrjuk ärrä o hehträ]
Welches Stück wird heute abend im Theater gespielt?	Milyen darabot játszanak ma este a színházban? [mijän dorrobbot jahzzonnock mo äschtä o ssihnhahsbonn]
Können Sie mir ein gutes Theaterstück empfehlen?	Tud nekem egy jó színdarabot ajánlani? [tud näkäm ädj joh ssihndorrobbot ojjahnlonni]
Wann beginnt die Vorstellung?	Mikor kezdődik az előadás? [mikor käsdöhdik os älöhoddahsch]
Wo bekommt man Karten?	Hol lehet jegyet kapni? [hol lähät jädjät koppni]
Bitte zwei Karten für heute abend.	Két jegyet kérek ma estére. [keht jädjät kehräk mo äschtehrä]
Bitte zwei Karten zu ... Forint	Kérek két jegyet ... forintért. [kehräk keht jädjät ... forintehrt]
Kann ich bitte ein Programm haben?	Kaphatok egy műsorfüzetet? [kopphottok ädj mühschorfüsätät]
Wo ist die Garderobe?	Hol van a ruhatár? [hol wonn o ruhottahr]

Ballett	balett [bollätt]
Eintrittskarte	belépőjegy [bälehpöhjädj]
Festival	fesztivál [fässtiwahl]
Film	film [film]
Kasse	pénztár [pehnsstahr]
Kino	mozi [mosi]
Konzert	koncert/hangverseny [konzärt/honngwärschänj]
Musical	musical [mjusikäl]
Oper	opera [opäro]
Premiere	bemutató [bämutottoh], premier [prömiär]
Schauspiel	színdarab [ssihndorrobb]
Theater	színház [ssihnhahs]
Veranstaltungskalender ..	rendezvénynaptár [rändäswehnjnopptahr]
Vorstellung *(Theater)*	előadás [älöoddahsch]
Vorverkauf	elővétel [älöhwehtäl]
Zirkus	cirkusz [zirkuss]

Wie weit ist es zum Strand?

IM SCHWIMMBAD / AM STRAND	USZODÁBAN/STRANDON [ussodahbonn/schtronndon]
Gibt es hier ein ...	Van itt egy ... [wonn itt ädj]
Freibad?	strand? [schtronnd]
Hallenbad?	fedett uszoda? [fädätt ussodo]

Nur für Schwimmer!	Csak úszóknak! [tschock uhssohknock]
Hineinspringen verboten!	A vízbe ugrani tilos! [o wihsbä ugronni tilosch]
Baden verboten!	Fürdeni tilos! [fürdäni tilosch]

Ist es für Kinder gefährlich?	Veszélyes a gyerekeknek? [wässehjäsch o djäräkäknäk]
Ich möchte ... mieten.	Szeretnék ... bérelni. [ssärätnehk ... behrälni]
ein Boot	egy csónakot [ädj tschohnockot]
ein Paar Wasserski	egy vízisít [ädj wihsischiht]
Was kostet es pro Stunde/Tag?	Mennyibe kerül egy órára/egy napra? [männjibä kärül ädj ohrahro/ädj noppro]

SPORT	SPORT [schport]
Welche Sportmöglichkeiten gibt es hier?	Milyen sportolási lehetőségek vannak itt? [mijän schportolahschi lähätöhschehgäk wonnock itt]
Gibt es hier ...	Van itt ... [wonn itt]
einen Golfplatz?	egy golfpálya [ädj golfpahjo]
einen Tennisplatz?	egy teniszpálya? [ädj tänisspahjo]
Wo kann man hier angeln?	Hol lehet itt horgászni? [hol lähät itt horgahssni]

Ich möchte für ... Tage/eine Woche ... ein Fahrrad mieten.

Szeretnék ... napra/egy hétre ...
[ssärätnehk ... noppro/ädj hehträ]
egy kerékpárt bérelni.
[ädj kärehkpahrt behrälni]

Ich möchte eine Bergtour machen.

Szeretnék egy hegyi túrát tenni.
[ssärätnehk ädj hädji tuhraht tänni]

Können Sie mir eine interessante Route auf der Karte zeigen?

Tudna nekem egy érdekes útvonalat mutatni a térképen?
[tudno näkäm ädj ehrdäkäsch uhtwonollott mutottni o tehrkehpän]

Wo kann ich ... ausleihen?

Hol kölcsönözhetek ...t?
[hol költschönöshätäk ... t]

Ich möchte einen ...kurs machen.

Szeretnék egy ... tanfolyamot csinálni.
[ssärätnehk ädj ... tonnfojommot tschinahlni]

Kann ich mitspielen?

Játszhatok én is? [jahzhottock ehn isch]

Aktivurlaub	aktív-szabadság [ocktihw ssobbotschschahg]
Anfänger	kezdő [käsdöh]
Angel	horgászfelszerelés [horgahssfälssärälehsch]
~schein	horgászengedély [horgahssängädehj]
Bademeister	úszómester [uhssohmäschtär]
Ball	labda [lobbdo]
Basketball	kosárlabda [koschahrlobbdo]
Bergsteigen	hegymászás [hädjmahssahsch]
Bootsverleih	csonakkölcsönző [tschohnockköltschönsöh]
Doppel	páros [pahrosch]
Dusche	tusoló [tuscholoh]
Eintrittskarte	(belépő)jegy [(bälehpöh)jädj]
Einzel	egyes [ädjäsch]
Eis|bahn	jégpálya [jehgpahjo]
~hockey	jéghoki [jehghoki]
Ergebnis	eredmény [ärädmehnj]
Fallschirmspringen	ejtőernyőzés [äjtöhärnjöhsehsch]
Federball	tollaslabda [tolloschlobbdo]
FKK-Strand	nudistastrand [nudischtoschtronnd]
Freibad	strand [schtronnd]

Fußball	futball [futboll]
~mannschaft	futballcsapat [futbolltschoppott]
~platz	futballpálya [futbollpahjo]
~spiel	futballmérkőzés [futbollmehrköhsehsch]
gewinnen	nyer [njär]
Golf	golf [golf]
~schläger	golfütő [golfütöh]
Gymnastik	torna [torno]
Handball	kézilabda [kehsilobbdo]
joggen	kocog [kozog]
Kanu	kenu [känu]
Kasse	pénztár [pehnsstahr]
Kurs	tanfolyam [tonnfojomm]
Langlauf	sífutás [schihfutahsch]
Leichtathletik	(könnyű)atlétika [(könnjüh)ottlehtiko]
Luftmatratze	gumimatrac [gumimottrozz]
Mannschaft	csapat [tschoppott]
Meisterschaft	bajnokság [bojjnokschahg]
Minigolf	minigolf [minigolf]
Motorboot	motorcsónak [motortschohnock]
Netz	háló [hahloh]
Nichtschwimmer	nem úszó [näm uhssoh]
Niederlage	vereség [wäräschehg]
Paddelboot	kajak [kojjock]
Programm	program [progromm]
radfahren	kerékpározás [kärehkpahrosahsch]
Rad|rennen	kerékpárverseny [kärehkpahrwärschänj]
~tour	kerékpártúra [kärehkpahrtuhro]
Regatta	csónakverseny [tschohnockwärschänj]
reiten	lovagol [lowoggol]
Reitsport	lovassport [lowoschschport]
Rennen	verseny [wärschänj]
Ruderboot	evezős csónak [äwäsöhsch tschohnock]
Rudern	evezés [äwäsehsch]
Sand	homok [homok]
Sauna	szauna [ssauno]
Schiedsrichter	bíró [bihroh]
Schlauchboot	gumicsónak [gumitschohnock]
Schlepplift	felvonó [fälwonoh]
Schlittschuhe	korcsolya [kortschojo]
Schnorchel	búvárpipa [buhwahrpipo]
Schwimmbad	fedett uszoda [fädätt ussodo]
schwimmen	úszás [uhssahsch]

Schwimmer	úszó [uhssoh]
Schwimm|flossen	búváruszony [buhwahrussonj]
~ring	úszóöv [uhssohöw]
Segel|boot	vitorlás(csónak) [witorlahsch(tschohnock)]
~fliegen	vitorlásrepülés [witorlahschräpülehsch]
Segeln	vitorlázás [witorlahsahsch]
Seilbahn	drótkötélpálya [drohtkötehlpahjo]
Sessellift	libegő [libägöh]
Sieg	győzelem [djöhsäläm]
Ski	sí [schih]
~laufen	sífutás [schihfutahsch]
Solarium	szolárium [ssolahrium]
Sonnenschirm	napernyő [noppärnjöh]
Spiel	játék [jahtehk]
Sportler/in	sportoló [schportoloh]
Sportplatz	sportpálya [schportpahjo]
Sprungbrett	ugródeszka [ugrohdässko]
Squash	squash [sskwosch]
Start	rajt [rojjt]
Surfbrett	surfdeszka [ssörfdässko]
Surfen	surfözik [ssörfösik]
tauchen	búvárkodik [buhwahrkodik]
Taucher|ausrüstung	búvárfelszerelés [buhwahrfälssärälehsch]
~brille	búvárszemüveg [buhwahrssämüwäg]
Tennis	tenisz [täniss]
~schläger	teniszütő [tänissütöh]
Tischtennis	asztalitenisz/pingpong [osstollitäniss/pingpong]
Tor	kapu [koppu], *(Ausruf)* gól [gohl]
~wart	kapus [koppusch]
Tretboot	vízibicikli [wihsibizikli]
unentschieden	döntetlen [döntätlän]
verlieren	veszt/vereséget szenved [wässt/wäräschehgät ssänwäd]
Volleyball	röplabda [röplobbdo]
Wandern	gyalogtúrázás [djolloktuhrahsahsch]
Wanderweg	turistaút [turischtauht]
Wasserball	vízilabda [wihsilobbdo]
Wellenreiten	hullámlovaglás [hullahmlowogglahsch]
Wettkampf	verseny/mérkőzés [wärschänj/mehrköhsehsch]

Für die Kleinsten das Größte

Gibt es auch Kinderportionen?	Van gyerekadag is? [wonn djäräkoddogg isch]
Könnten Sie mir bitte das Fläschchen warmmachen?	Kérem meg tudná melegíteni a cumisüveget? [kehräm mäg tudnah mälägihtäni o zumischüwägät]
Haben Sie einen Wickelraum?	Van pelenkázóhelyiségük? [wonn pälänkahsohhäjissehgük]
Bitte bringen Sie noch einen Kinderstuhl.	Kérem hozzon egy gyerekszéket. [kehräm hosson ädj djäräkssehkät]
Babysitter	Babysitter [behbissittär], gyerekvigyázó [djäräkwidjahsoh]
Fläschchenwärmer	cumisüvegmelegítő [zumischüwägmälägihtöh]
Kinder|autositz	gyerekülés [djäräkülehsch]
~betreuung	gyermekfelügyelet [djärmäkfälüdjälät]
~ermäßigung	gyermekkedvezmény [djärmäckädwäsmehnj]
~nahrung	gyermekétel [djärmäkehtäl]
Planschbecken	pancsolómedence [ponntscholohmädänzä]
Schnuller	cumi [zumi]
Schwimmring	úszógumi [uhssohgumi]
Spielplatz	játszótér [jahtsohtehr]
Spielsachen	játékszerek [jahtehkssäräk]
Wickeltisch	pelenkázó asztal [pälänkahsoh osstoll]

Von Kind zu Kind

Wie heißt du?	Hogy hívnak? [hodj hihwnock]
Ich heiße ...	...nak/nek hívnak. [...nock/näk hihwnock]
Woher kommst du?	Honnan jössz? [honnonn jöss]
Ich komme aus ...	...ból/ből jövök. [...bohl/böhl jöwök]
Willst du mit mir spielen?	Akarsz velem játszani? [ockorrss wäläm jahtsonni]

Strand
strand
[schtronnd]

Burg
vár
[vahr]

Umziehkabine
kabin
[kobbin]

Sonnenschirm
napernyő
[noppärnjöh]

Eiskrem
fagylalt
[foddilolit]

Bademeister
úszómester
[unssohmasstär]

Segelboot
vitorlás
[witorlahsch]

Schaufel
lapát
[loppaht]

Handtuch
törölköző
[törölkösöh]

Floß
tutaj
[tutoj]

Ball
labda
[lobbdo]

Wasser
víz [wihs]

Bäckerei
pékség
[pehkschehg]

Auto
kocsi
[kotschi]

Straße
utca {uzzo]

Polizei
rendőrség
[rändöhrschehg]

Ampel
közlekedési lámpa
[közläkädehschi lahmpo]

Hund
kutya
[kutjo]

Unfall
baleset
[bolläschät]

Fahrrad
kerékpár
[kärehkpahr]

Feuerwehr
tűzoltóság
[tühsoltohschahg]

Straßenbahn
villamos
[willommosch]

Von A wie Arzt bis Z wie Zoll

ARZT	**ORVOS** [orwosch]

Beim Arzt

A orvosnál [o orwoschnahe]

Können Sie mir einen guten ... empfehlen?

Tud nekem egy jó ... ajánlani?
[tud näkäm ädj joh ... ojjahnlonni]

  Arzt
    orvost [orwoscht]

  Augenarzt
    szemorvost [ssämorwoscht]
    szemészt [ssämehsst]

  Frauenarzt
    nőgyógyászt [nöhdjohdjahsst]

  Hals-Nasen-Ohren-Arzt
    fül-orr-gégészt [fülorr gehgehsst]

  Hautarzt
    bőrgyógyászt [böhrdjohdjahsst]

  Kinderarzt
    gyermekorvost [djärmäkorwoscht]

  Nervenarzt
    ideggyógyászt [idägdjohdjahsst]

  Praktischen Arzt
    általános orvost
    [ahltollahnosch orwoscht]

  Urologen
    urológust [urolohguscht]

  Zahnarzt
    fogorvost [fogorwoscht]

Wo ist seine Praxis?

Hol van a rendelője?
[hol wonn o rändälöhjä]

Was für Beschwerden haben Sie?

Mi a panasza? [mi o ponnosso]

Ich habe mich verletzt.

Megsérültem. [mäkschehrültäm]

Ich habe Fieber.

Lázas vagyok. [lahsosch woddjok]

Mir ist oft schlecht/ schwindelig.

Gyakran vagyok rosszul/szédülök.
[djockronn wodjok rossul/ssehdülök]

Ich bin ohnmächtig geworden.

Elájultam. [älahjultomm]

Ich bin stark erkältet.

Nagyon meghűltem.
[nodjon mäghühltäm]

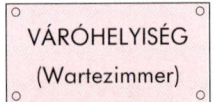

VÁRÓHELYISÉG
(Wartezimmer)

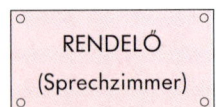

RENDELŐ
(Sprechzimmer)

"Gombóc van a torkában" [gombohts wonn o torkahbonn]

... *"Er/Sie hat einen Knödel im Hals"* bedeutet nicht nur, daß man heiser ist, sondern auch, daß eine(r) aufgrund starker Gefühle oder Aufregung nicht in der Lage ist zu sprechen.

Ich habe Kopfschmerzen.	Fáj a fejem. [fahj o fäjäm]
Ich habe Halsschmerzen.	Fáj a torkom. [fahj o torkom]
Ich habe Husten.	Köhögök. [köhögök]
Ich bin gestochen/gebissen worden.	Valami megcsípett/megmart. [wollommi mägtschihpätt/mägmorrt]
Ich habe Durchfall/Verstopfung.	Hasmenésem/Szorulásom van. [hoschmänehschäm/ssorulahschom wonn]
Wo tut es weh?	Hol fáj? [hol fahj]
Ich habe hier Schmerzen.	Itt fáj. [itt fahj]
Ich bin Diabetiker.	Cukorbeteg vagyok. [zukorbätäg wodjok]
Ich bin schwanger.	Terhes vagyok. [tärhäsch wodjok]
Es ist nichts Ernstes.	Semmi komoly. [schämmi komoj]
Können Sie mir bitte etwas gegen ... geben/verschreiben?	Tud nekem valamit ...ellen adni/felírni? [tud näkäm wollommit ... ällän oddni/fälihrni]

Beim Zahnarzt — A fogorvosnál [o fogorwoschnahe]

Ich habe (starke) Zahnschmerzen.	(Nagyon) fáj a fogam. [(nodjon) fahj o fogomm]
Ich habe eine Füllung verloren.	Kiesett egy tömésem. [kiäschätt ädj tömehschäm]
Mir ist ein Zahn abgebrochen.	Letört egy fogam. [lätört ädj fogomm]
Geben Sie mir bitte eine Spritze.	Kérem adjon injekciót. [kehräm oddjon injäkzioht]
Geben Sie mir bitte keine Spritze.	Kérem ne adjon injekciót. [kehräm nä oddjon injäkzioht]

Im Krankenhaus — A kórházban [o kohrhahsbonn]

Wie lange muß ich hier bleiben?	Mennyi ideig kell itt maradnom? [männji idäig käll itt morroddnom]
Wann darf ich aufstehen?	Mikor kelhetek fel? [mikor kälhätäk fäl]

Abszeß	tályog [tahjog]
Aids	aids [ehds]
Allergie	allergia [ollärgio]
ansteckend	fertőző [färtöhsöh]
Arm	kar [korr]
Asthma	asztma [osstmo]
Atembeschwerden	légzési zavar [lehgsehschi sowworr]
atmen	lélegzik [lehlägsik]
Auge	szem [ssäm]
Ausschlag	kiütés [kiütehsch]
Bänderriß	szalagszakadás [ssolloggssockoddahsch]
Bauch	has [hosch]
Bein	láb [lahb]
bewußtlos	eszméletlen [ässmehlätlän]
Blähungen	felfúvódás [fälfuhwohdahsch]
Blase	hólyag [hohjogg]
Blinddarm	vakbél [woggbehl]
bluten	vérzik [wehrsik]
Blut	vérömleny [wehrömlänj]
~druck (hoch/niedrig)	vérnyomás (magas/alacsony) [wehrnjomahsch (moggosch/ollottschonj)]
~vergiftung	vérmérgezés [wehrmehrgäsehsch]
Bronchitis	hörghurut [hörghurut]
Bruch	törés [törehsch]
Brust	mell [mäll]
Bypass	bypass [beipahss]
Darm	bél [behl]
Diabetes	cukorbetegség [zukorbätägschehg]
Durchfall	hasmenés [hoschmänehsch]
Eiter	genny [gännj]
Entzündung	gyulladás [djulloddahsch]
erbrechen, sich	hány [hahnj]
erkälten, sich	megfázik [mäkfahsik]
Facharzt	szakorvos [ssockorwosch]
Fehlgeburt	koraszülés/abortusz [korossülehsch/obbortuss]
Fieber	láz [lahs]
Finger	ujj [ujj]
Fuß	lábfej [lahbfäj]
Gallenblase	epehólyag [äpähohjogg]
gebrochen	(el)törött [(äl)törött]
Gehirn	agy [odj]
~erschütterung	agyrázkódás [odjrahsskohdahsch]
~schlag	agyvérzés [odjwehrsehsch]
Gelbsucht	sárgaság [schahrgoschahg]

Gelenk	ízület [ihsülät]
Geschlechts|krankheit . . .	nemi betegség [nämi bätägschehg]
~organe	nemi szervek [nämi ssärwäk]
geschwollen	(be)dagadt [(bä)doggott]
Geschwür	fekély [fäkehj]
Gesicht	arc [orrz]
Grippe	influenza [influänso]
Hals	torok [torok], nyak [njock]
~schmerzen	torokfájás [torokfahjahsch]
Hand	kéz [kehs]
Haut	bőr [böhr]
Herz	szív [ssihw]
~anfall	szívroham [ssihwrohomm]
~beschwerden	szívpanaszok [ssihwponnossok]
~fehler	szívhiba [ssihwhibo]
~infarkt	szívinfarktus [ssihwinforrktusch]
~schrittmacher	szívritmusszabályzó
	[ssihwritmuschssobbahjsoh]
Hexenschuß	hexensussz, lumbágó
	[häkssänschuss/lumbahgoh]
Hüfte	csípő [tschihpöh]
Husten	köhögés [köhögehsch]
Impfung	oltás [oltahsch]
Infektion	fertőzés [färtöhsehsch]
Ischias	isiász [ischiahss]
Kinderlähmung	gyermekbénulás [djärmäkbehnulahsch]
Knie	térd [tehrd]
Knöchel	boka [boko]
Knochen	csont [tschont]
~bruch	csonttörés [tschonttörehsch]
Kolik	kólika [kohliko]
Kopf	fej [fäj]
~schmerzen	fejfájás [fäjfahjahsch]
Krampf	görcs [görtsch]
krank	beteg [bätäg]
Kranken|haus	kórház [kohrhahs]
~schein	beteglap [bätäglopp]
~schwester	nővér [nöhwehr]
Krankheit	betegség [bätäkschehg]
Krebs	rák [rahk]
Kreislaufstörung	vérkeringési zavar
	[wehrkäringehschi sowworr]
Kur	kúra [kuhro]
Lähmung	bénulás [behnulahsch]
Lebensmittelvergiftung . . .	ételmérgezés [ehtälmehrgäsehsch]
Leber	máj [mahj]
Leistenbruch	lágyéksérv [lahdjehkschehrw]

Lippe	ajak [ojjock]
Loch *(im Zahn)*	lyuk [juk]
Lunge	tüdő [tüdöh]
Magen	gyomor [djomor]
~schmerzen	gyomorfájás [djomorfahjahsch]
Mandeln	mandula [monndulo]
Masern	kanyaró [konnjorroh]
Menstruation	menstruáció [mänschtruahzioh]
Migräne	migrén [migrehn]
Mittelohrentzündung	középfültő gyulladás [kösehpfültöh djulloddahsch]
Mumps	mumsz [mumss]
Mund	száj [ssahj]
Muskel	izom [isom]
Narbe	seb [schäb]
Narkose	narkózis [norrkohsisch]
Nase	orr [orr]
Nerv	ideg [idäg]
nervös	ideges [idägäsch]
Nieren | entzündung	vesegyulladás [wäschädjulloddahsch]
~stein	vesekő [wäschäköh]
Ohnmacht	ájulás [ahjulahsch]
Ohr	fül [fül]
Operation	operáció [opärahzioh]
Plombe	tömés [tömehsch]
Pocken	himlő [himlöh]
Praxis	rendelő [rändälöh]
Prellung	ütődés [ütöhdehsch]
Prothese	protézis [protehsisch]
Puls	pulzus [pulsusch]
Quetschung	zúzódás [suhsohdahsch]
Rheuma	reuma [räumo]
Rippe	borda [bordo]
röntgen	röntgen [röngän]
Röteln	rubeola [rubäolo]
Rücken	hát [haht]
~schmerzen	hátfájás [hahtfahjahsch]
Salmonellen	szalmonella [ssollmonällo]
Schädel	koponya [koponjo]
Scharlach	skarlát [schkorrlaht]
Schienbein	sípcsont [schihptschont]
Schlaflosigkeit	álmatlanság [ahlmottlonnschahg]
Schlaganfall	gutaütés [gutaütehsch]
Schlüsselbein	kulcscsont [kultschtschont]
Schmerzen	fájdalom [fahjdollom], fájás [fahjahsch]
Schnittwunde	vágott seb [wahgott schäb]
Schnupfen	nátha [nahtho]

Schulter	váll [wahll]
Schüttelfrost	hidegrázás [hidägrahsahsch]
Schwangerschaft	terhesség [tärhäschschehg]
Schwellung	daganat [doggonnott]
Schwindel	szédülés [ssehdülehsch]
schwitzen	izzad [issodd]
Sonnenstich	napszúrás [noppssuhrahsch]
Speiseröhre	nyelőcső [njälöhtschöh]
Sprechstunde	rendelési idő [rändälehschi idöh]
Spritze	injekció [injäkzioh]
Stich	csípés/szúrás [tschihpehsch/ssuhrahsch]
Stirnhöhlenentzündung ..	homloküreggyulladás [homloküregdjulloddahsch]
Stuhlgang	széklet [ssehklät]
Tetanus	tetanusz [tätonnuss]
Trommelfell	dobhártya [dobhahrtjo]
Typhus	tífusz [tihfuss]
Übelkeit	hányinger [hahnjingär]
Ultraschalluntersuchung	ultrahangviszgálat [ultrahonngwischgahlott]
Unterleib	altest [olltäscht]
Untersuchung	vizsgálat [wischgahlott]
Urin	vizelet [wisälät]
Verband	kötés [kötehsch]
verbinden	beköt [bäköt]
Verbrennung	égés [ehgehsch]
Verdauung	emésztés [ämehsstehsch]
Verdauungsstörung	emésztési zavarok [ämehsstehschi sowworrok]
Vergiftung	mérgezés [mehrgäsehsch]
verletzen	megsérül [mäkschehrül]
Verletzung	sérülés [schehrülehsch]
verschreiben	felír [fälihr]
verstaucht	kificomodott [kifizommodott]
Verstopfung	szorulás [ssorulahsch]
Virus	vírus [wihrusch]
Wartezimmer	váróhelyiség [wahrohhäjischehg]
weh tun	fáj [fahj]
Windpocken	bárányhimlő [bahrahnjhimlöh]
Wunde	seb [schäb]
Zahn	fog [fog]
Zehe	lábujj [lahbujj]
Zerrung	rándulás [rahndulahsch]
ziehen *(Zahn)*	kihúz [kihuhs]
Zunge	nyelv [njälw]

BANK / GELDWECHSEL

BANK/PÉNZVÁLTÁS
[bonnk/pehnswahltahsch]

Wo ist hier bitte ...

Hol van itt kérem ...
[hol wonn itt kehräm]

   eine Bank?

   egy bank? [ädj bonnk]

   eine Wechselstube?

   egy pénzváltóhely [adj pehnswahltohhäj]

Ich möchte ... DM (Schilling, Schweizer Franken) in Forint wechseln.

Szeretnék ... márkát (schillinget/svájci frankot) forintra átváltani.
[ssärätnehk ...mahrkaht (schillingät/schwahjzi fronnkot) forintro ahtwahltonni]

Ich möchte ... einlösen.

Szeretném ... beváltani.
[ssärätnehm ... bäwahltonni]

   diesen Reisescheck

   ezt az úticsekket
   [äst os uhtitschäckät]

   diesen Euroscheck

   ezt az eurócsekket
   [äst os äurohtschäckät]

   diese Postanweisung

   ezt a postautalványt
   [äst o poschtoutollwahnjt]

Ihre Scheckkarte, bitte.

Kérem a csekkártyáját. [kehräm o tschäckkahrtjahjaht]

Darf ich bitte Ihren Paß/Ausweis sehen?

Láthatnám az útlevelét/igazolványát? [lahthottnahm os uhtläwäleht/igosolwahnjaht]

Würden Sie bitte hier unterschreiben?

Aláírná itt, kérem?
[ollahihrnah itt kehräm]

auszahlen	kifizet [kifisät]
Bank	bank [bonnk]
Betrag	összeg [össäg]
D-Mark	német márka [nehmät mahrko]
Euroscheck	eurócsekk [äurohtschäck]
Formular	űrlap [ührlopp]
Geheimzahl	titkos szám [titkosch ssahm]
Geld	pénz [pehns]
~automat	pénzautomata [pehnsoutomotto]
~schein	bankjegy [bonnkjädj]
~wechsel	pénzváltás [pehnswahltahsch]
Kasse	takarékpénztár [tockorrehkpehnsstahr]
Kleingeld	aprópénz [opprohpehns]
Kreditkarte	hitelkártya [hitälkahrtjo]
Kurs	árfolyam [ahrfojomm]
Münze	érme [ehrmä]
Reisescheck	úticsekk [uhtitschäck]

Schalter	pult/ablak [pult/obblock]
Scheck	csekk [tschäck]
~karte	csekkártya [tschäckahrtjo]
Schilling	schilling [schilling]
Schweizer Franken	svájci frank [schwahjzi fronnk]
umtauschen	átvált [ahtwahlt]
Unterschrift	aláírás [ollahihrahsch]
Währung	valuta [wolluto]
Wechsel|kurs	váltási árfolyam [wahltahschi ahrfojomm]
~stube	pénzváltóhely [pehnswahltohhäj]
Zahlung	fizetés [fisätehsch]

FUNDBÜRO

TALÁLT TÁRGYAK OSZTÁLYA
[tollahlt tahrdjock osstahjo]

Wo ist das Fundbüro, bitte?	Hol van a talált tárgyak osztája, kérem? [hol wonn o tollahlt tahrdjock osstahjo kehräm]
Ich habe ... verloren.	Elvesztettem a(z) ...t. [älwässtättäm o(s) ...t]
Ich habe meine Handtasche im Zug vergessen.	A retikülömet a vonatban felejtettem. [o rätikülömät o wonoddbonn fäläjtättäm]
Benachrichtigen Sie mich bitte, wenn sie gefunden werden sollte.	Értesítsen kérem, ha leadták/megtalálták. [ehrtäschihtschschän kehräm ho läottahk/mäktollahltahk]
Hier ist meine Hotelanschrift/Heimatadresse.	Itt a szállodám címe/az otthoni címem. [itt o ssahllodahm zihmä/os otthoni zihmäm]

NAHVERKEHR

HELYI(ÉRDEKÜ) FORGALOM
[häji(ehrdäküh) forgollom]

Bitte, wo ist die nächste ...	Hol van a legközelebbi ... [hol wonn o läckösäläbbi]
Bushaltestelle?	buszmegálló? [bussmägahlloh]
Straßenbahnhaltestelle?	villamosmegálló? [willommoschmägahlloh]
U-Bahnstation?	metróállomás/földalatti megálló? [mätrohahllomahsch/földollotti mägahlloh]
Welche Linie fährt nach ...?	Melyik vonal/járat megy ... felé? [mäjik wonoll/jahrott mädj ... fäleh]
Wann fährt der Bus ab?	Mikor indul a busz? [mikor indul o buss]
Wo fährt der Bus ab?	Honnan indul a busz? [honnonn indul o buss]

Wo muß ich aussteigen/
umsteigen?

Hol kell kiszállnom/átszállnom?
[hol käll kissahllnom/atsahllnom]

Wo kann ich den Fahr-
schein kaufen?

Hol vehetek menetjegyet?
[hol wähätäk mänätjädjät]

Bitte, einen Fahrschein
nach ...

Kérek egy jegyet ... ba/be.
[kehräk ädj jädjät ... bo/bä]

Abfahrt	**indulás** [indulahsch]
aussteigen	**kiszáll** [kissahll]
Bus	**busz** [buss]
einsteigen	**beszáll** [bässahll]
Endstation	**végállomás** [wehgahllomahsch]
Fahr|er	**vezető** [wäsätöh]
~kartenautomat	**jegyautomata** [jädjautomotto]
~preis	**viteldíj** [witäldihj]
~schein	**(menet)jegy** [(mänät)jädj]
Haltestelle	**megálló** [mägahlloh]
Kontrolleur	**ellenőr** [ällänör]
lösen *(Fahrschein)*	**jegyet vált** [jädjät wahlt]
Schaffner	**kalauz** [kollous]
Straße	**utca** [uzzo]
Straßenbahn	**villamos** [willommosch]
U-Bahn	**földalatti/metró** [földollotti/mätroh]

POLIZEI **RENDŐRSÉG** [rändöhrschehg]

Wo ist bitte das nächste
Polizeirevier?

Hol van a legközelebbi rendőrörs?
[hol wonn o lägkösäläbbi rändöhrörsch]

Ich möchte einen ... anzei-
gen.
   Diebstahl
   Unfall

Szeretnék egy ... bejelenteni.
[ssärätnehk ädj ... bäjäläntäni]
   lopást [lopahscht]
   balesetet [bolläschätät]

Mir ist ... gestohlen worden.
   die Handtasche
   die Brieftasche

Ellopták ... [älloptahk]
   a retikülömet. [o rätikülömät]
   a levéltárcámat.
   [o läwehltahrzahmott]

   mein Fotoapparat

   a fényképezőgépemet.
   [o fehnjkehpäsöhgehpämät]

   mein Auto
   mein Fahrrad

   az autómat [os autohmott]
   a kerékpáromat. [o kärehkpahromott]

Mein Auto ist aufgebro-
chen worden.

Feltörték az autómat.
[fältörtehk os outohmott]

Aus meinem Auto ist ...
gestohlen worden.

Ellopták az autómból a(z) ...t.
[älloptahk os outohmbohl o(s) ...t]

Mein Sohn/Meine Tochter ist verschwunden.

A fiam/a lányom ... óta eltűnt.
[o fiomm/o lahnjom ...ohto ältühnt]

Können Sie mir bitte helfen?

Tudna nekem segíteni, kérem?
[tudno näkäm schägihtäni kehräm]

Ihren Namen und Ihre Anschrift, bitte.

Kérem a nevét és a címét.
[kehräm o näweht ehsch o zihmeht]

Wenden Sie sich bitte an das deutsche/österreichische/Schweizer Konsulat.

Forduljon kérem a német/az osztrák/a svájci konzulátushoz.
[forduljon kehräm o nehmät/os osstrahk/o schwahjzi konsulahtuschhos]

anzeigen	bejelent/feljelent [bäjälänt/fäljälänt]
aufbrechen	feltör [fältör]
Auto|radio	autórádió [outohrahdioh]
~schlüssel	autókulcs [outohkultsch]
belästigen	molesztál [molässtahl]
beschlagnahmen	elkoboz [älkobos]
Brieftasche	levéltárca [läwehltahrzo]
Dieb	tolvaj [tolwojj]
~stahl	lopás [lopahsch]
Gefängnis	börtön [börtön]
Geld	pénz [pehns]
Geldbörse	pénztárca [pehnstahrzo]
Gericht	bíróság [bihrohschahg]
Papiere	papírok [poppihrok]
Personalausweis	személyi igazolvány [ssämehji igosolwahnj]
Polizei	rendőrség [rändöhrschehg]
Polizist/in	rendőr [rändöhr]
Rauschgift	kábítószer [kahbihtohssär]
Rechtsanwalt	ügyvéd [üdjwehd]
Reisepaß	útlevél [uhtläwehl]
Richter	bíró [bihroh]
Scheck	csekk [tschäck]
~karte	csekkártya [tschäckahrtjo]
Taschendieb	zsebtolvaj [schäbtolwojj]
Überfall	rablás/(meg)támadás [robblahsch/(meg)tahmoddahsch]
Verbrechen	bűntett [bühntätt]
Vergewaltigung	nemi erőszakos [nämi äröhssockoschk]
verhaften	letartóztat [lätorrtohstott]
verlieren	elveszt [älwässt]
zusammenschlagen	összever [össäwär]

POST   ## POSTA [poschto]

Wo ist ...   Hol ... [hol ...]
... das nächste Postamt?   ... a legközelebbi postahivatal?
                                    [... o lägkösäläbbi poschtohiwottoll]
... der nächste Briefkasten?   ... a legközelebbi postaláda?
                                    [... o lägkösäläbbi poschtollahdo]

Was kostet ...   Mibe kerül ... [mibä kärül ...]
... ein Brief ...   ... egy levél ... [... ädj läwehl...]
... eine Postkarte ...   ... egy levelezőlap ...
                                    [... ädj läwäläsöhlopp]
... nach Deutschland?   ... Németországba?
                                    [nehmätorssahgbo]
... nach Österreich?   ... Ausztriába? [ausstriahbo]
... in die Schweiz?   ... Svájcba? [schwahjzbo]

Diesen Brief per ...   Ezt a levelet ... [äst o läwälät]
... Luftpost.   ... légipostával [... lehgiposchtahwoll]
... Express.   ... expressz [... äkspräss]

Wie lange braucht ein   Mikor ér egy levél Németországba?
Brief nach Deutschland?   [mikor ehr ädj läwehl nehmätorssahgbo]

Absender . . . .   feladó [feloddoh]
Adresse . . . .   cím [zihm]
aufgeben . . . .   felad [fälodd]
ausfüllen . . . .   kitölt [kitölt]
Bestimmungsort . . . .   rendeltetési hely [rändältätehschi häj]
Brief . . . .   levél [läwehl]
  ~kasten . . . .   postaláda [poschtollahdo]
  ~marke . . . .   bélyeg [behjäg]
  ~umschlag . . . .   boríték [borihtehk]
Eilbrief . . . .   expresszlevél [äksprässläwehl]
Empfänger . . . .   címzett [zihmsätt]
Formular . . . .   úrlap [ührlopp]
frankieren . . . .   bérmentesít [behrmäntäschiht]
Gebühr . . . .   díj [dihj]
Gewicht . . . .   súly [schuhj]
Hauptpostamt . . . .   főposta [föhposchto]
Leerung . . . .   ürítés [ürihtehsch]
Luftpost, mit . . . .   légiposta/légipostával
                                    [lehgiposchto/lehgiposchtahwoll]
Paket . . . .   csomag [tschomogg]
Porto . . . .   portó [portoh]
Post|amt . . . .   posta(hivatal) [poschto(hiwottoll)]
  ~karte . . . .   levelezőlap [läwäläsöhlopp]
  ~leitzahl . . . .   irányítószám [irahnjihtohssahm]
Schalter . . . .   pult/ablak [pult/obblock]
Vordruck . . . .   nyomtatvány [njomtottwahnj]

TAXI — TAXI [tockssi]

Wo ist der nächste Taxistand?	Hol van a legközelebbi taxiállomás? [hol wonn o lägkösäläbbi tockssiahllomahsch]
Zum Bahnhof.	A pályaudvarhoz. [o pahjoudworrhos]
Zum ... Hotel.	A ... hotelhez. [o ... hotälhäs]
In die ...-Straße.	A(z) ... utcába. [o(s) ... uzzahbo]
Nach ..., bitte.	... ba/be, kérem. [... bo/bä kehräm]
Wieviel kostet es nach ...?	Mennyit fizetek a(z) ...ig? [männjit fisätäk o(s) ...ig]
Halten Sie bitte hier.	Álljon meg itt, kérem. [ahjjon mäg itt kehräm]
Das ist für Sie.	Ez az öné. [äs os öneh]

Fahrpreis	viteldíj [witäldihj]
Taxi|fahrer	taxisofőr [tockssischoföhr]
~stand	taxiállomás [tockssiahllomahsch]
Trinkgeld	borravaló [borrowwolloh]

TELEFONIEREN — TELEFONÁLÁS [täläfonahlahsch]

Können Sie mir bitte eine Telefonmünze/Telefonkarte geben?	Tud nekem egy telefonérmét/telefonkártyát adni, kérem? [tud näkäm ädj täläfonehrmeht/ täläfonkahrtjaht oddni kehräm]
Bitte ein Ferngespräch nach ...	Kérek egy telefonbeszélgetést ... ba/be. [kehräk ädj täläfonbässehlgätehscht ...bo/be]
Ich möchte ein R-Gespräch anmelden.	Szeretnék egy R-beszélgetést bejelenteni. [ssärätnehk ädj är-bässehlgätehscht bäjäläntäni]
Gehen Sie in Kabine Nr. ...	Menjen a ... számú fülkébe. [männjän o ...ssahmuh fülkehbä]
Hier spricht ...	Itt ... beszél. [itt ...bässehl]
Hallo, mit wem spreche ich?	Halló, kivel beszélek? [holloh kiwäl bässehläk]
Kann ich bitte Herrn/ Frau/Fräulein ... sprechen?	Beszélhetek kérem ... úrral/... néval/... kisasszonnyal? [bässehlhätäk kehräm ...uhrroll/...nehwoll/...kischossonjoll]

Tut mir leid, er/sie ist nicht da.	Sajnos nincs itt/itthon. [schojjnosch nintsch itt/itthon]
Wann wird er/sie zurück sein?	Mikor jön vissza? [mikor jön wisso]
Würden Sie ihm/ihr bitte sagen, ich hätte angerufen?	Megmondaná neki kérem, hogy telefonáltam? [mägmondonnah näki kehräm hodj täläfonahltomm]

abnehmen	felvesz [fälwäss]
Anruf	telefonhívás [täläfonhihwahsch]
anrufen	felhív [fälhihw]
Auskunft	tudakozó [tudockosoh]
Auslandsgespräch	külföldi beszélgetés [külföldi bässehlgätehsch]
besetzt	foglalt [foglollt]
Ferngespräch	telefonbeszélgetés [täläfonbässehlgätehss]
Gebühr	díj [dihj]
Gespräch	beszélgetés [bässehlgätehsch]
Hörer	telefonkagyló [täläfonkoddjloh]
Münzfernsprecher	érmés telefon [ehrmehsch täläfon]
Ortsgespräch	helyi beszélgetés [häji bässehlgätehsch]
R-Gespräch	R-beszélgetés [är-bässehlgätehsch]
Telefon	tárcsázási hang [tahrtschahsahschi honng]
~buch	telefonkönyv [täläfonkönjw]
~karte	telefonkártya [täläfonkahrtjo]
~nummer	telefonszám [täläfonssahm]
~zelle	telefonfülke [täläfonfülkä]
Verbindung	kapcsolás [kopptscholahsch]
Vermittlung	közvetítés [köswätihtehsch]
Vorwahlnummer	előszám [älöhssahm]
wählen	tárcsáz [tahrtschahs]

ZOLL/PASSKONTROLLE — VÁM/ÚTLEVÉLELLENŐRZÉS
[wahm/uhtläwehlällänöhrsehsch]

Ihren Paß, bitte!

Kérem az útlevelét!
[kehräm os uhtläwäleht]

Haben Sie ein Visum?

Van vízumja? [wonn wihsumjo]

Ihr Paß ist abgelaufen.

Az ön útlevele lejárt.
[os ön uhtläwälä läjahrt]

Kann ich das Visum hier bekommen?

Kaphatok itt vízumot?
[kopphottok itt wihsumot]

Haben Sie etwas zu verzollen?

Van valami elvámolnivalója?
[wonn wollommi älwahmolniwollohjo]

Nein, ich habe nur ein paar Geschenke.

Nem, csak néhány ajándék van nálam. [näm tschock nehhahnj ojjahndehk wonn nahlomm]

Fahren Sie bitte rechts/links heran.

Hajtson kérem jobbra/balra.
[hojjtschschon kehräm jobbro/bollro]

Öffnen Sie bitte den Kofferraum/diesen Koffer.

Nyissa ki kérem a csomagtartót/ezt a bőröndöt. [njischscho ki kehräm o tschomoggtorrtoht/äst o böhröndöt]

Muß ich das verzollen?

El kell vámoltatnom?
[äl käll wahmoltottnom]

Ausfuhr	kivitel [kiwitäl], export [äkssport]
Ausreise	kiutazás [kiutosahsch]
Einfuhr	behozatal [bähosottoll], import [import]
Einreise	beutazás [bäutosahsch]
Familien|name	vezetéknév [wäsätehknehw]
~stand	családi állapot [tschollahdi ahlloppot]
ledig	*Mann:* nőtlen [nöhtlän]; *Frau:* hajadon [hojjoddon]
verheiratet	*Mann:* nős [nöhsch]; *Frau:* férjezett [fehrjäsätt]; *beide:* házas [hahsosch]
verwitwet	özvegy [öswädj]
Führerschein	jogosítvány [jogoschihdwahnj]
Geburts|datum	születési idő [ssülätehschi idöh]
~name	leánykori név [läähnjkori nehw]
~ort	születési hely [ssülätehschi häj]
gültig	érvényes [ehrwehnjäsch]
Nationalitätskennzeichen	az ország betűjele [os orssahg bätühjälä]
Personalausweis	személyi igazolvány [ssämehji igosolwahnj]
Reisepaß	útlevél [uhtläwehl]
Staatsangehörigkeit	állampolgárság [ahllommpolgahrschahg]
Tollwut	veszettség [wässätschschehg]
Visum	vízum [wihsum]
Vorname	keresztnév/utónév [kärässtnehw/utohnehw]
Wohnort	lakóhely [lockohhäj]
Zoll	vám [wahm]
~frei	vámmentes [wahmmäntäsch]
~pflichtig	vámköteles [wahmkötäläsch]

Bloß nicht!

Diese Ausdrücke sollten Sie kennen, damit Sie wissen, wie Ihr Gesprächspartner Sie eventuell betitelt. Vorsicht: Für die Folgen eines unsachgemäßen Gebrauchs kann der Verlag nicht haftbar gemacht werden!

Hülye [hüjä]	Blöd
Seggfej [schäggfäj]	Arschloch
Szar [ssorr]	Scheiße, beschissen
Szarházi alak [ssorrhahsi ollock]	Scheißkerl
Buta liba [buto libo]	Dumme Gans
A fene egye meg! [o fänä ädjä mäg]	Verdammt!
Nyald ki a seggem! [njolld ki o schäggäm]	Leck mich am Arsch!
Tökmindegy [tökmindädj]	Piepegal
Üres duma. [üräsch dumo]	Leeres Geschwätz!
Ne beszélj hülyeséget! [nä bässehjj hüjäschehgät]	Red doch keinen Blödsinn!
Menj a fenébe! [männj o fänehbä]	Geh zum Teufel!
Szarban van. [ssorrbonn wonn]	Er/Sie sitzt in der Scheiße.
Fogd be a pofád! [foggd bä o ofahd]	Halt die Schnauze!
A kurva életbe! [o kurwo ehlätbä]	So ein Hurenleben!
A kurva anyád! [o kurwo onnjahd]	Deine Hurenmutter!
(Az isten) bassza meg! [(os ischtän) bosso mäg]	*(sehr derb, unübersetzbar!, wortwörtlich:* (Gott) soll's ficken)

Ich und Du ...

Nominativ		Akkusativ		Dativ	
Singular					
ich	én	mich	engem(et)	mir	nekem
du	te	dich	téged(et)	dir	neked
er sie es	ő	ihn sie es	őt	ihm ihr ihm	neki
Sie	Ön, Maga	Sie	Önt, Magát	Ihnen	Önnek, Magának
Plural					
wir	mi	uns	minket, bennünket	uns	nekünk
ihr	ti	euch	titeket, benneteket	euch	nektek
sie	ők	sie	őket	ihnen	nekik
Sie	Önök, Maguk	Sie	Önöket, Magukat	Ihnen	Önöknek, Maguknak

Artikel

Im Ungarischen gibt es kein grammatikalisches Geschlecht. Die Artikel werden nicht dekliniert und sind unbetont auszusprechen.

Bestimmter Artikel:			Unbestimmter Artikel:
a	[a]	(vor konsonantisch anlautenden Wörtern)	**egy** [ädj]
az	[os]	(vor vokalisch anlautenden Wörtern)	
Der unbestimmte Artikel wird weniger häufig verwendet als im Deutschen.			

Die 1333 wichtigsten Wörter

Die hinter der ungarischen Aussprache aufgeführten Zahlen verweisen auf die entsprechenden Seiten der themenbezogenen Kapitel.

Hinweis: Steht vor den Suffixen, die im Deutschen einer Präposition entsprechen, ein Bindestrich (*Beispiel:* **für** -nak/-nek), heißt dies, daß an dieser Stelle das entsprechende Substantiv eingefügt werden muß.

A

abbestellen *(Zimmer)* lemond [lämond]
Abend este [äschtä]
aber de [dä]
Abfahrt indulás [indulahsch] → 24, 76
Abflug indulás [indulahsch] → 22
ablaufen lejár [läjahr]
ablehnen elutasít [älutoschiht]
Abreise elutazás [älutosahsch] → 55
abreisen (nach) elutazik (-ba/-be) [älutosik (-bo/-bä)]
Abschied nehmen búcsúzik [buhtschuhsik] → 9
abschleppen elvontat [älwontott] → 19
Absender feladó [feloddoh] → 78
abwärts lefelé [läfäleh]
Achtung figyelem [fidjäläm]
Adresse cím [zihm] → 78
alle mindenki [mindänki], mindenkit *(Akk.)* [mindänkit]
allein egyedül [ädjädül]
alles minden [mindän], mindent *(Akk.)* [mindänt]
als *(zeitlich)* (a)mikor [(om)mikor]
also tehát [tähaht]
alt *(Mensch)* öreg [öräg]; *(Gegenstand)* régi [rehgi]
Alter kor [kor] → 7
Amt *(Dienststelle)* hivatal [hiwottoll]
anbieten *(Essen, Trinken)* megkínál [mäckihnahl]
andere, der, die másik [mahschik]
ändern változtat [wahltosstott]
anders más *(adj.)* [mahsch]
Anfang kezdet [käsdät]
Angst félelem [fehläläm]
anhalten megáll [mägahll], megállít [mägahlliht]
ankommen érkezik [ehrkäsik] → 22, 24
Ankunft érkezés [ehrkäsehsch] → 22, 24
Anmeldung bejelentkezés [bäjäläntkäsehsch]
Anreisetag érkezési nap [ehrkäsehschi nopp]

Anruf telefonhívás [täläfonhihwahsch] → 79f.
anrufen felhív [fälhihw]
Anschluß csatlakozás [tschottlockosahsch] → 22, 24
Anschrift cím [zihm]
anstatt helyett [häjätt]
anstrengend megerőltető [mägäröhltätöh]
antworten válaszol [wahlossol]
Apotheke gyógyszertár [djohzsärtahr] → 42f.
Appetit étvágy [ehdwahdj]
arbeiten dolgozik [dolgosik]
ärgern bosszant [bossonnt]; **s. ~ (über)** bosszankodik . . . (miatt) [bossonnkodik (miott)]
arm szegény [ssägehnj]
Art, nach ~ *(Gastr.)* módra [mohdro]
Arzt orvost [orwoscht] → 68ff.
auch is [isch]
aufbrechen feltör [fältör] → 77
Aufenthalt tartózkodás [torrtohsskodahsch] → 24
aufgeben *(Gepäck, Brief)* felad [fälodd] → 78
aufhören abbahagy [obbahodj]
aufpassen (auf) vigyáz (-ra/-re) [widjahs (-ro/-rä)]
aufstehen felkel [fälkäl]
Augenblick pillanat [pillonnott]
Ausfahrt kijárat [kijahrott]
Ausflug kirándulás [kirahndulahsch] → 27
ausfüllen kitölt [kitölt] → 78
Ausgang kijárat [kijahrott]
Auskunft információ [informahzioh], felvilágosítás [fälwilahgoschihtahsch] → 15, 22, 24
Ausländer/in külföldi(ember)/nő [külföldi(ember)/nöh]
außen kint [kint]
außer kívül [kihwül]
außerdem ezenkívül [äsänkihwül]
Aussicht kilátás [kilahtahsch] → 27
aussprechen kiejt [kiäjt]
aussteigen kiszáll [kissahll] → 24
Ausweis *(Personal~)* igazolvány [igosolwahnj] → 76, 80
Auto autó [outoh] → 15ff.
Autopapiere paoírok [poppierok] → 77

84

DEUTSCH-UNGARISCHES WÖRTERBUCH

B

Baby bébi [behbi], kisbaba [kischbobbo] → 65
Bahnhof pályaudvar [pahjoudworr] → 24
bald hamarosan [hommorroschonn] → 12
Bank bank [bonnk] → 74f.
Bar bár [bahr] → 59
Bauer paraszt [porrosst]
Bauernhof parasztudvar [porrosstudworr]
Baum fa [fo]
beachten figyelembe vesz [fidjälämbä wäss]
Beanstandung panasz [ponnoss] → 30, 54
beantworten válaszol [wahlossol]
bedeuten jelent [jälänt]
Bedienung *(Person)* felszolgáló [fälsolgahloh]; *(Anrede)* Fóur! *(männlich)*/ Kisasszony! *(weiblich)* [föhuhr/kischossonj]; **Selbst~** önkiszolgálás [önkissolgahlahsch]
beenden befejez [bäfäjäs]
befinden, s. található [tollahlhottoh]
befreundet sein barátságban van [borrahtschschahgbonn wonn]
befürchten fél [fehl]
begegnen találkozik [tollahlkosik]
beginnen kezdődik [käsdöhdik]
begleiten (el)kísér [(äl)kihschehr]
begrüßen üdvözöl [üdwösöl] → 6
behalten megtart [mägtorrt]
Behörde hatóság [hottohschahg]
beide mindkettő [mindkättöh], mindkét [mindkeht]
Beileid részvét [rehsweht]
Beispiel példa [pehldo]
beißen harap [horropp]
beklagen, s. panaszkodik (-ra/-re) [ponnosskodik (-ro/-rä)]
belästigen molesztál [molässtahl] → 77
beleidigen megsért [mägschehrt]
benachrichtigen értesít [ehrtäschiht]
benötigen szüksége van (-ra/-re) [ssükschehgä wonn (-ro/-rä)]
benutzen használ [hossnahl] → 22, 24f., 75
Benzin benzin [bänsin] → 15
Berg hegy [hädj]
Beruf foglalkozás [foglolkosahsch]
beruhigen megnyugtat [mägnjugtott]; **s. ~** megnyugszik [mägnjukssik]
beschädigen megsért [mägschehrt], megrongál [mägrongahl]
bescheinigen igazol [igosol]
beschlagnahmen elkoboz [älkobos]
beschließen elhatároz [älhottahros]
beschweren, s. panaszkodik [ponnosskodik], panaszt tesz (miatt) [ponnosst täss (miott)]
besetzt *(Platz)* foglalt [foglollt] → 25
besichtigen megnéz [mägnehs], megtekint [mäktäkint]
Besichtigung látogatás [lahtogottahsch], megtekintés [mägtäkintehsch] → 27f.
besitzen van [wonn]
Besitzer tulajdonos [tuloijdonosch]
besorgen (be)szerez [(bä)ssäräs]
bestätigen igazol [igosol]
Besteck evőeszköz [äwöhässkös] → 31
Bestellung rendelés [rändälehsch] → 29ff.
bestimmt *(adj.)* meghatározott [mäghottahrosott], bizonyos [bisonjosch]
besuchen meglátogat (-t) [mäglahtogott (-t)] → 8

Betrag összeg [össäg] → 74
betreten belép [bälehp]
betrinken, s. ~ berúg [bäruhg]
betrügen becsap [bätschopp]
betrunken részeg [rehssäg]
Bett ágy [ahdj] → 54
Bewohner lakó [lockoh]
bewußtlos eszméletlen [ässmehlätlän] → 70
bezahlen (ki)fizet [(ki)fisät]
Biene méh [mehh]
Bild kép [kehp]
billig olcsó [oltschoh]
bißchen kis, kicsi, *(Akk.)* kicsit [kisch, kitschi, kitschit]; **ein ~** egy kis, *(Akk.)* egy kicsit [ädj kisch, ädj kitschit]
bitte kérem *(Siezform)* [kehräm]; *(Duzform)* kérlek [kehrläk] → 5, 7
Bitte kérés [kehrehsch] → 7
bitten um etw kér (-ra/-re) [kehr (-ro/-rä)]
blau kék [kehk]
bleiben marad [morrodd]
Blitz villám [willahm] → 14; → 45
Blume virág [wirahg]
Blut vér [wehr] → 70
Boden padló [poddloh]
Boot csónak [tschohnock] → 62
böse mérges [mehrgäsch]
Bosnien und Herzegowina Bosznia és Hercegovina [bossnio ehsch härzägowino]
Botschaft *(dipl. Vertretung)* követség [köwätschschehg]
Brand égés [ehgehsch]
brauchen szüksége van [ssükschehgä wonn], kell [käll]
brechen (el)tör [(äl)tör]
breit széles [ssehläsch]
Bremse fék [fehk] → 16
brennen ég [ehg]
Brief levél [läwehl] → 78
Brieftasche levéltárca [läwehltahrzo] → 77
Brille szemüveg [ssämüwäg] → 51
bringen hoz [hos]; **her~** idehoz [idähos]
Bruder *(älter)* báty [bahtj], *(jünger)* öcs [ötschsch]
Buch könyv [könjw]
buchstabieren betúz [bätühs]
Bucht öböl [öböl]
Buchung foglalás [foglollahsch] → 22, 26
Büro iroda [irodo]

C

Café (esz)presszó [(äss)prässoh]
Camping kemping [kämping] → 57f.
Chef fönök [föhnök]
Cousin/e unokatestvér [unokottäschtwehr]

D

da *(dort)* ott [ott]
dafür sein mellette van [mällättä wonn]
dagegen sein ellene van [ällänä wonn]
daheim otthon [otthon]
daher *(Grund)* azért [osehr], ezért [äsehrt]
damals akkoriban [ockoribonn]

Dame hölgy [höldj]
danach utána [utahno], azután [osutahn]
danken (jdm) megköszön (-nak/ -nek) [mägkössön (-nock/-näk)] → 5ff.
dann akkor [ockor]
dasselbe ugyanaz [udjonnos]
Datum dátum [dahtum] → 12
Dauer időtartam [időhtorrtomm]
dauern tart [torrt]
Decke *(Bett~)* takaró [tockorroh]
defekt elromlott [älromlott], hibás [hibahsch] → 16, 19
dein tied [tiäd], a te ... d [o tä ... d]
denken (an) gondol (-ra/-re) [gondol (-ro/-rä)]
denn mert [märt]
deshalb ezért [äsehrt]
Deutsche, der, die német (ember)/nő [nehmät (ämbär)/nöh]
Deutschland Németország [nehmätorssahg]
dich téged [tehgäd]
dick vastag [woschtogg], kövér [köwehr]
Diebstahl lopás [lopahsch] → 76f.
dieser, diese, dieses ez a(z) [äs o(s)]
Ding dolog [dolog]
dir neked [näkäd]
Direktor igazgató [igosgottoh]
Diskothek diszkó [disskoh] → 59
doch hiszen [hissän], mégis [mehgisch]; *(als Antwort)* de igen [dä igän]
Doktor doktor [doktor]
Donau Duna [duno]
doppelt páros [pahrosch]
Dorf falu [follu]
draußen kint [kint], kívül [kihwül]
drinnen bent [bänt], belül [bälül]
dringend sürgős *(adj.)* [schürgöhsch], sürgősen *(adv.)* [schürgöhschän]
Drogerie drogéria [drogehrio] → 44
du te [tä]
dumm buta [buto], hülye [hüjä]
dunkel sötét [schöteht]
dünn vékony [wehkonj]
durch *(quer ~)* át [aht], keresztül [kärässtül]
Durchfahrt áthaladás [ahtholloddahsch]
Durchreise átutazás [ahtutosahsch]
durchschnittlich átlagosan *(adj.)* [ahtloggoschonn]
dürfen szabad [ssobbodd]
Durst haben szomjas [ssomjosch]

E

eben *(flach)* sík [schihk], sima [schihmo], lapos [lopposch]
Ebene síkság [schihkschahg]
echt valódi [wollohdi]
Ecke sarok [schorrok]
Ehe házasság [hahsoschschahg]
Ehefrau feleség [fäläschehg]
Ehemann férj [fehrj]
Ehepaar házaspár [hahsoschpahr]
Ei tojás [tojahsch] → 48
Eigenschaft tulajdonság [tulojjdonschahg]
Eigentümer tulajdonos [tulojjdonosch]
eilig sürgős [schürgöhsch]
ein(e), eins egy [ädj]

Einfuhr behozatal, import [bähosottoll, import] → 81
Eingang bejárat [bäjahrott]
einige néhány [nehhahnj]
einigen megegyezik [mägädjäsik]
einkaufen bevásárol [bäwahschahrol] → 41ff.
einladen meghív [mäghihw]
einmal egyszer [ädjsär]
einreisen beutazik [bäutosik]
eins egy [ädj]
einsam magányos [moggahnjosch]
eintreten belép [bälehp]
Eintrittskarte belépőjegy [bälehpöhjädj] → 60, 62
Einwohner *(Stadt)* lakos [lockosch]
Eisenbahn vasút [woschuht] → 24f.
Elektrohandlung villamos cikkek boltja [willommosch zickäk boltjo] → 45
Eltern szülők [ssülöhk]
Empfang *(Hotel)* recepció [räzäpzioh], porta [porto]
Empfänger címzett [zihmsätt] → 78
empfehlen ajánl [ojjahnl]
enden végződik [wehgsöhdik], befejez(ődik) [bäfäjäs(öhdik)]
endgültig végleges *(adj.)* [wehglägäsch], véglegesen *(adv.)* [wehglägäschän]
endlich végre [wehgrä]
englisch angol *(adj.)* [onngol], angolul *(adv.)* [onngolul]
Enkel/in unoka [unoko]
entdecken felfedez [fälfädäsch]
entfernt távoli [tahwoli]
entgegengesetzt ellenkező [ällänkäsöh], ellentétes [älläntehtäsch]
entlang mellett [mällätt], mentén *(adv.)* [mäntehn]; ~ **gehen** végigmegy [wehgigmädj]
entscheiden (el)dönt [(äl)dönt]
entschließen, s. elhatároz(za magát) [älhottahros(o moggaht)]
Entschluß elhatározás [älhottahrosahsch]
entschuldigen megbocsát [mägbotschaht] → 7
Entschuldigung Bocsánat! [botschahnott] → 7
enttäuscht csalódott [tschollohdott]
entweder ... oder vagy ... vagy [wodj ... wodj]
entwickeln *(Film)* előhív [älöhhihw]
er ő [öh]
Erde föld [föld]
Erdgeschoß földszint [földssint]
ereignen, s. történik [törtehnik]
Ereignis esemény [äschämehnj]
erfahren tapasztalt [topposstollt]
erfreut (über) örül (-nak/-nek) [örül (-nock/-näk)]
Ergebnis eredmény [ärädmehnj] → 62
erhalten megkap [mäckopp]
erhältlich kapható [kopphottoh]
erholen kipihen [kipihän]; **s.** ~ kipiheni magát [kipihäni moggaht]
erinnern, an etw emlékeztet (-ra/-re) [ämlehkässtät (-ro/-rä)]
erkennen felismer [fälischmär]
erklären megmagyaráz [mägmodjorrahs]
erkundigen, s. érdeklődik [ehrdäklöhdik]
erlauben megenged [mägängäd]
Erlaubnis engedély [ängädehj]
erledigen elintéz [älintehs]

86

DEUTSCH-UNGARISCHES WÖRTERBUCH

Ermäßigung kedvezmény [kädwäsmehnj]
→ 25
ernst komoly [komoj]
erreichen elér [älehr]
Ersatz *(Schaden~)* kártérítés
[kahrtehrihtehsch]
erschöpft kimerült [kimärült]
erschrecken megijeszt [mägijässt]
ersetzen *(Ersatzteile)* kicserél [kitschärehl],
pótol [pohtol]; *(Geld)* megtérít [mäktehriht]
erst *(zuerst)* először [älöhssör]
Erwachsene(r) felnőtt [fälnöhtt]
erzählen (el)mesél [(äl)mäschehl]
Erziehung nevelés [näwälehsch]
es gibt van [wonn]
eßbar ehető [ähätöh]
Essen *(Mahlzeit)* étkezés [ehtkäsehsch],
evés [äwehsch]; *(Eßbares)* étel [ehtäl]
→ 29ff., 47
essen eszik [ässik]
etwa körülbelül [körülbälül]
etwas valami [wollommi], valamit *(Akk.)*
[wollommit]
euch titeket *(Akk.)* [titäkät], nektek *(Dat.)*
[näktäk]
euer tied [tiäd]
Europa Európa [äurohpo]
Europäer/in európai (ember)/nő [äurohpoi
(ämbär)/nöh]

F

Fabrik gyár [djahr]
fahren vezet [wäsät]
Fahrkarte (menet)jegy [(mänät)jädj] → 24, 75f.
Fahrplan menetrend [mänätränd] → 25
Fahrrad kerékpár/bicikli [kärehkpahr/bizikli]
→ 15ff.
Fahrstuhl felvonó [fälwonoh], lift [lift]
Fahrt utazás [utosahsch], út [uht]
fallen esik [äschik]
falsch rossz [ross], helytelen [häjtälän]
Familie család [tschollahd]
Familienname vezetéknév [wäsätehknehw]
→ 81
Farbe szín [ssihn]
faul lusta [luschto]
fehlen hiányzik [hiahnjsik]
Fehler *(den man macht)* hiba [hibo]
Feiertag ünnepnap [ünnäpnopp] → 13
Feld mező [mäsöh]
Fels szikla [ssiklo]
Ferien szabadság [ssobboddschschahg], nyara-
lás [njorrollahsch]
Ferienhaus nyaraló [njorrolloh] → 56f.
Ferngespräch telefonbeszélgetés
[täläfonbässehlgätehsch] → 79f.
fertig *(bereit)* kész [kehss]
Fest ünnep [ünnäp]
fett, fettig zsíros [schihrosch]
feucht nedves [nädwäsch]
Feuer tűz [tühs]
Feuerlöscher tűzoltókészülék
[tühsoltohkehssülehk]
Feuermelder tűzjelző [tühsjälsöh]
Feuerwehr tűzoltóság [tühsoltohschahg]
Film film [film] → 45; → 60

finden talál [tollahl]
Firma cég [zehg]
Fisch hal [holl] → 34
Fischgeschäft halbolt [hollbolt]
Flasche üveg [üwäg]
Fleisch hús [huhsch] → 35f.
Fliege légy [lehdj]
fliegen repül [räpül]
fließen folyik [fojik]
Flirt flört [flört] → 8f.
Flug repülés/légiút [räpülehsch/lehgiuht]
→ 22f.
Flughafen repülőtér [räpülöhtehr] → 22f.
Flugzeug repülőgép [räpülöhgehp] → 22f.
Fluß folyó [fojoh]
folgen követ [köwät]
fordern követel [köwätäl]
Formular űrlap [ührlopp] → 74, 78
fort el [äl]
fortsetzen folytat [fojtott]
Foto fotó [fotoh], fénykép [fehnjkehp] → 45
Fotoartikel → 45
fotografieren fényképez [fehnjkehpäs]
Frage kérdés [kehrdehsch]
fragen kérdez [kehrdäs]
frankieren bérmentesít [behrmäntäschiht]
→ 78
französisch francia [fronnzio]
Frau nő, -né [nöh, -neh]
Fräulein kisasszony [kischossonj]
frei szabad [ssobbodd]
fremd *(ausländisch)* idegen [idägän]
Fremde, der, die idegen (ember)/nő [idägän
(ämbär)/nöh]
Fremdenführer → 28
Fremdenzimmer magánszoba
[moggahnssobo]
Freude öröm [öröm]
freuen, s. ~ **(über)** örül [-nak/-nek) [örül
(-nock/-näk)]
Freund/in barát/nő [borraht/nöh]
freundlich barátságos [borrahtschschahgosch]
Friede béke [behkä]
frieren fázik [fahsik]
frisch friss [frischsch]
Friseur fodrász [fodrahss] → 46
froh *(zufrieden)* vidám [widahm], jókedvü
[johkädwüh]
früh korán *(adv.)* [korahn]
Frühstück reggeli [räggäli] → 33, 54
fühlen érez [ehräs]
Führer *(für Fremde)* idegenvezető
[idägänwäsätöh]
Führerschein (gépjárművezetői) jogosítvány
[(gehpjahrmühwäsätöhi) jogoschihdwahnj]
→ 19, 81
Führung vezetés [wäsätehsch] → 27
Fundbüro talált tárgyak osztálya [tollahlt
tahrdjock osstahjo] → 75
funktionieren működik [mühködik]
für -nak/-nek [-nock/-näk]
fürchten fél [fehl]
fürchterlich rettenetes [rättänätäsch], borzal-
mas [borsollmosch]

G

Gabel villa [willo]
Gang *(Auto)* menet [mänät], sebesség [schäbäschschehg] → 20; → 33ff.
ganz egész *(adj./adv.)* [ägehss]; egészen *(adv.)* [ägehssän]
Garage garázs [gorrahsch]
Garantie garancia [gorronnzio]
Garten kert [kärt]
Gast vendég [wändehg]
Gastgeber/in házigazda/háziasszony [hahsigosdo/hahsiossonj]
Gasthaus/Gasthof vendéglő [wändehglöh]
Gebäude épület [ehpülät] → 28
geben ad [odd]
Gebet ima [imo]
Gebirge hegység [hädjschschehg] → 28
geboren született [ssülätätt]
Gebühr díj [dihj] → 78, 80
Geburt születés [ssülätehsch]
Geburtstag születésnap [ssülätehschnopp]
Geburtsdatum születési idő [ssülätehschi idöh]
Geburtsname leánykori név [läahnjkori nehw] → 81
Geburtsort születési hely [ssülätehschi häj] → 81
Gedanke gondolat [gondolott]
gefährlich veszélyes [wässehjäsch]
Gefallen szívesség [ssihwäschschehg]
Gefängnis börtön [börtön] → 77
Gefühl érzés [ehrsehsch]
gegen ellen [ällän]
Gegend környék [körnjehk]
Gegenstand tárgy [tahrdj]
Gegenteil ellentét [älläntäht]
geheim titkos [titkosch]
gehen megy [mädj]
gehören tartozik [torrtosik]
Geistlicher lelkész/pap [lälkehss/popp]
gelb sárga [schahrgo]
Geld pénz [pehns] → 74
Geldbörse pénztárca [pehnstahrzo]
Geldstück pénzdarab [pehnsdorrobb]
Geldwechsel pénzváltás [pehnswahltahsch] → 74f.
Gelegenheit alkalom [ollkollom]
gemeinsam együtt *(adj.)* [ädjütt]
gemischt vegyes [wädjäsch]
genau pontos *(adj.)* [pontosch], pontosan *(adv.)* [pontoschonn]
genießen élvez [ehlwäs]
genug elég [älehg]
geöffnet nyitva [njitwo]
Gepäck csomag/poggyász [tschomogg/poddjahss] → 22
geradeaus egyenesen [ädjänäschän]
Gericht *(Essen)* fogás [fogahsch] → 33 ff.; *(Justiz)* bíróság [bihrohschahg] → 77
gern szívesen [sihwäschän]
Geruch szag [ssogg]
Geschäft *(Laden)* üzlet [üslät], bolt [bolt] → 41f.
geschehen történik [törtehnik]
Geschenk ajándék [ojjahndehk]
Geschichte történelem [törtehnäläm]
geschlossen zárva [sahrwo]
Geschmack ízlés [ihslehsch], íz [ihs]

Geschwindigkeit sebesség [schäbäschschehg]
Gesellschaft társaság [tahrschoschahg]
Gespräch beszélgetés [bässehlgätehsch]
gesund egészséges [ägehschschehgäsch]
Gesundheit egészség [ägehschschehg] → 68ff.
Getränk ital [itoll] → 39f., 48
getrennt külön [külön]
Gewicht súly [schuhj]
gewinnen nyer [njär]
gewiß bizonyos *(adj.)* [bisonjosch], biztos *(adv.)* [bisstosch]
Gewitter zivatar [siwottorr] → 14
gibt, es ~ van [wonn]
Gift méreg [mehräg]
Gipfel csúcs [tschuhtsch]
Gitarre gitár [gitahr]
Glas *(Scheibe)* üveg [üwäg] → 31
Glaube hit [hit]
glauben hisz [hiss]
gleich *(identisch)* egyforma [ädjformo]; *(sofort)* rögtön [rögtön], azonnal [osonnoll]
Glück szerencse [ssäräntschä]
glücklich szerencsés [ssäräntschehsch]
Glückwunsch jókívánság [johkihwahnschahg] → 9
Gott isten [ischtän]
Gottesdienst istentisztelet [ischtäntisstälät] → 28
Grab sír [schihr]
Grad fok [fok]
gratulieren gratulál [grottulahl] → 9
grau szürke [ssürkä]; *(Haare)* ősz [öhss]
Grenze határ [hottahr] → 80
groß nagy [nodj]
Größe *(Ausdehnung)* nagyság [noddjschschahg]; *(Konfektions~)* méret [mehrät]
Großmutter nagyanya [nodjonnjo]
Großvater nagyapa [nodjoppo]
grün zöld [söld]
Grund ok [ok]
Gruppe csoport [tschoport]
grüßen üdvözöl [üdwösöl]
gültig érvényes [ehrwehnjäsch] → 81
gut jó *(adj.)* [joh], jól *(adv.)* [johl]

H

Haar haj [hojj] → 46
haben van [wonn]
Hafen kikötő [kikötöh] → 25f.
halb fél [fehl]
Hallo! Szia! Szia! [ssio]
Halt! Állj! [ahllj]
halten tart [torrt]
Haltestelle megálló [mägahlloh] → 75f.
hart kemény [kämehnj]
häßlich csúnya [tschuhnjo]
häufig gyakran *(adv.)* [djockronn], gyakori *(adj.)* [djockori]
Haus ház [hahs]
Hausbesitzer háztulajdonos [hahstulojjdonosch] → 56
hausgemacht házi [hahsi] → 31
Haushaltswaren → 47
heilig szent [ssänt]
Heimat haza [hoso]

88

DEUTSCH-UNGARISCHES WÖRTERBUCH

heimlich titokban [titokbonn]
Heimreise hazautazás [hosoutosahsch]
heiraten házasodik [hahsoschodik]
heiß forró [forroh] → 14, 31
heißen hív [hihw]; **was heißt ...?** mit jelent ...? [mit jälänt ...?]
heiter derüs [därühsch] → 14
Heizung fűtés [fühtehsch] → 20
helfen (jdm) segít (-nak/-nek) [schägiht (-nock/-näk)]
hell világos [wilahgosch]
Herein! Tessék! [täschschehk], Szabad! [ssobbodd]
hereinkommen bejön [bäjön]
Herr úr [uhr]
heute ma [mo] → 12
hier itt [itt]
Hilfe segítség [schägihtschschehg]
Himmel ég [ehg]
hinlegen lefektet [läfäktät], letesz [lätäss]
hinsetzen, s. ~ lcül [läül]
hinter mögött [mögött]
Hobby hobbi [hobbi]
hoch magas [moggosch]
Hochzeit (Feier) esküvö [äschküwöh]
hoffen remél [rämehl]
höflich udvarias [udworriosch]
Höhe magasság [moggoschschahg]
Höhepunkt tetőpont [tätöhpont]
Holz fa [fo]
Honorar honorárium [honorahrium]
hören hall [holl]
Hotel szálloda [ssahllodo] → 53ff.
hübsch csinos [tschinosch]
Hügel domb [domb]
Hund kutya [kutjo]
Hunger éhség [ehschehg]
hungrig éhes [ehhäsch]
Hütte kunyhó [kunjhoh]; **Berg~** menedékház [mänädehkhahs]

I

ich én [ehn]
Idee ötlet [ötlät]
ihr (poss. pron.) f övé [öweh], az ö ... ja/je [os öh ... jo/jä]
Imbiß büfé [büfeh] → 29ff.
immer mindig [mindig]
imstande sein képes [kehpäsch]
inbegriffen beleértve [bäläehrtwä]
informieren tájékoztat [tahjehkostott]
Inhalt tartalom [torrtollom]
innen belül [bälül]
Innenstadt belváros [bälwahrosch]
innerhalb (zeitlich) belül [bälül] → 12
Insekt rovar [roworr]
Insel sziget [ssigät]
interessieren, s. ~ **(für)** érdeklődik . . . (iránt) [ehrdäklöhdik . . . (irahnt)]
international nemzetközi [nämsätkösi]
irren, s. ~ téved [tehwäd]
Irrtum tévedés [tehwädehsch]

J

Jahr év [ehw]
Jahreszeit évszak [ehwssock] → 13
jeder mindenki (adj.) [mindänki]
jedesmal mindig [mindig]
jemand, irgend~ valaki [wollocki]
jetzt most [moscht] → 12
Jugendherberge ifjúsági szálló [ifjuhschahgi ssahlloh] → 58
jung fiatal [fiottoll]
Junge fiú [fiuh]
Junggeselle agglegény [ogglägehnj]

K

Kabine kabin [kobbin] → 26, 66
Kaffee kávé [kahweh] → 38
kalt hideg [hidäg] → 14, 31
Kanal csatorna [tschottorno]
Kapelle (Gebäude) kápolna [kahpolno] → 28
kaputt rossz [ross], elromlott [älromlott]
Kasse pénztár [pehnstahr] → 60, 63
Katze macska [motschko]
Kauf vétel [wehtäl], vásár(lás) [wahschahr(lahsch)]
kaufen vásárol [wahschahrol], vesz [wäss] → 41ff.
kaum alig [ollig]
Kaution kaució [kouzioh], óvadék [ohwoddehk]
kein nem/nincs [näm/nintsch]
keiner senki [schänki]
keinesfalls semmiképp(en) [schämmikepp(än)]
Kellner pincér [pinzehr] → 31
kennen ismer [ischmär]
kennenlernen megismer [mägischmär] → 6ff.
Kind gyer(m)ek [djär(m)äk] → 65
Kino mozi [mosi] → 60
Kirche templom [tämplom] → 28
Kissen párna [pahrno]
Kleidung ruha [ruho], ruházat [ruhahsott] → 49f.
klein kis [kisch], kicsi [kitschi]
Kleingeld aprópénz [opprohpehns] → 74
Klima éghajlat [ehghojjlott] → 14
Klingel csengő [tschängöh] → 20
klingeln cseng [tschäng], csenget [tschängät]
klug okos [okosch]
Kneipe kocsma [kotschmo] → 59
knipsen (Fahrkarte) lyukaszt [jukosst] → 45
kochen főz [föhs]
Koffer koffer [koffär], bőrönd [böhrönd]
Kohle szén [ssehn]
kommen jön [jön]
Kompaß iránytű [irahnjtüh]
Kondom kondom [kondom] → 8
Konfession vallás [wollahsch]
können tud [tud]
Konsulat konzulátus [konsulahtusch] → 76f.
Kontakt kapcsolat [koptscholott], érintkezés [ehrintkäsehsch]
kontrollieren ellenőríz [ällänöhrihs]
Konzert koncert/hangverseny [konzärt/honngwärschänj] → 60
Körper test [täscht] → 70ff.

kosten kerül [kärül]
krank beteg [bätäg] → 68ff.
Krankenhaus kórház [kohrhahs] → 69
Krankenwagen mentő(autó) [mäntöh(outoh)]
Krankheit betegség [bätägschehg] → 68ff.
Kreditkarte hitelkártya [hitälkahrtjo] → 41, 74
Krieg háború [hahboruh]
kritisieren kritizál [kritisahl]
Küche konyha [konjho]
kühl hűvös [hühwösch]
Kultur kultúra [kultuhro] → 27f.
Kummer gond [gond]
kümmern, s. ~ **(um)** törődik (-val/ -vel)
[törödhik (-woll/-wäl)]
Kurs tanfolyam [tonnfojomm] → 74
Kurve kanyar [konnjorr] → 20
kurz rövid [röwid]
kürzlich nemrég [nemrehg] → 12
Kuß csók [tschohk]
küssen csókol [tschohkol]

L

lachen nevet [näwät]
Laden bolt [bolt]
Lage *(Ort)* hely [häj]; *(Situation)* helyzet
[häjsät]
Land ország [orssahg]
Landkarte térkép [tehrkehp] → 52
Landschaft táj/vidék [tahj/widehk] → 28
lang hosszú [hossuh]
Länge hosszúság [hossuhschahg]
langsam lassú *(adj.)* [loschschuh], lassan
(adv.) [loschschonn]
langweilig unalmas [unollmosch]
Lärm lárma [lahrmo]
lassen *(zulassen)* hagy [hodj], enged [ängäd]
lästig terhes [tärhäsch], kellemetlen
[källämätlän]
Lastwagen teherautó [tähäroutoh]
laufen fut [fut]
laut hangos *(adj.)* [honngosch], hangosan
(adv.) [honngoschonn]
Lautsprecher hangszóró [honngssohroh]
Leben élet [ehlät]
leben él [ehl]
Lebensmittel élelmiszer [ehlälmissär] → 29ff.,
47f.
ledig *(Frau)* hajadon [hojjoddon], *(Mann)*
nőtlen [nöhtlän] → 81
leer üres [üräsch]
legen fektet [fäktät], (le)tesz [(lä)täss]
leicht könnyű [könjüh]
leider sajnos [schojjnosch]
leihen *(jdm)* kölcsön ad [költschön odd],
kölcsönöz [költschönös] → 58, 62
leise halk *(adj.)* [hollk], halkan *(adv.)*
[hollkonn]
Leiter/in vezető [wäsätöh]
lesen olvas [olwosch]
letzte(r, -s) utolsó [utolschoh]
Leute emberek [ämbäräk]
Licht fény [fehnj]
lieb kedves [kädwäsch]
lieben szeret [ssärät] → 8
liebenswürdig szívélyes [ssihwehjäsch], ked-
ves [kädwäsch]

lieber inkább [inkahbb], szívesebben
[ssihwäschäbbän]
Lied dal [doll]
liegen fekszik [fäkssik]
links balra [bollro]
Loch lyuk [juk]
Löffel kanál [konnahl]
Lohn (munka)bér [(munko)behr]
Lokal *(Gaststätte)* vendéglő [wändehglöh]
→ 29, 59
löschen elolt [älolt]
Luft levegő [läwägöh] → 14
Lüge hazugság [hosukschahg]
lustig vidám [widahm]
machen *(allg.)* csinál [tschinahl]; *(herstellen)*
készít [kehssiht]

M

Mädchen lány [lahnj]
Mahlzeit étkezés [ehtkäsehsch] → 29ff.
Mal alkalom [ollkollom]
manchmal néha [nehho] → 12
Mangel *(Fehlen)* hiány [hiahnj]
Mann férfi [fehrfi]
männlich férfias [fehrfiosch]
Markt vásár/piac [wahschahr/piaz] → 28, 47
Maschine gép [gehp]
Maße → Umschlagseite vorne, innen
Medikament gyógyszer/orvosság
[djohdjsär/orwoschschahg] → 42f.
Meer tenger [tängär]
mehr több [több], többet *(Akk.)* [többät]
mein enyém [änjehm], az én ... m [os ehn ...m]
meinen gondol [gondol]
Meinung vélemény [wehlämehnj]
Mensch ember [ämbär]
merken *(ins Gedächtnis einprägen)* megje-
gyez [mägjädjäs]; *(aufmerksam werden)*
észrevesz [ehssräwäss]
Messe *(relig.)* mise [mischä]
Messer kés [kehsch]
mich engem [ängäm]
Miete lakbér [lockbehr] → 57
mieten bérel [behräl]
mindestens legalább [lägollahbb]
minus mínusz [mihnuss]
Minute perc [pärz] → 11f.
mir nekem [näkäm]
mißverstehen félreért [fehrräehrt]
mitbringen magával hoz [moggahwoll hos]
mitnehmen magával visz [moggahwoll wiss]
Mittag dél [dehl]
Mittagessen ebéd [äbehd] → 29ff.
Mitte közép [kösehp], a(z) ... közepe [o(s) ...
kösäpä]
mitteilen közöl [kösöl]
Mittel eszköz [ässkös]; szer [ssär] → 42
Möbel bútor [buhtor]
Mode divat [diwott] → 49f.
modern modern [modärn]
mögen *(gern haben)* szeret [ssärät]
möglich lehetséges [lähätschschehgäsch]
Moment pillanat [pillonnott]
Monat hónap [hohnopp] → 13
Mond hold [hold]
Morgen reggel [räggäl] → 11

90

DEUTSCH-UNGARISCHES WÖRTERBUCH

morgens reggel [räggäl]
Motor motor [motor] → 16
Motorrad motorkerékpár [motorkärehkpahr] → 15ff.
Mücke szúnyog [ssuhnjog]
müde fáradt [fahrott]
Mühe fáradság [fahroddschschahg]
Müll szemét [ssämeht] → 57
Münze érme [ehrmä] → 74
Museum múzeum [muhsäum] → 27f.
Musik zene [sänä]
müssen kell [käll]
Mutter (édes)anya [(ehdäsch)onnjo]

N

nach (zeitlich) után [utahn]
Nachbar/in szomszéd [ssomssehd]
nachher utána [utahno]
nachmittags délután [dehlutahn]
Nachricht hír [hihr]
nächste, der, die ~ következő [köwätkäsöh]
Nacht éjszaka [ehjssocko] → 12
Nachtclub éjszakai mulató [ehjssockoi mulottoh] → 59
nackt meztelen [mässtälän]
nahe közel [kösäl]
Nahverkehr → 75f.
Name név [nehw] → 6, 77
naß nedves [nädwäsch] → 14
Nation nemzet [nämsät]
Natur természet [tärmehssät]
natürlich természetes (adj.) [tärmehssätäsch], természetesen (adv.) [tärmehssätäschän]
neben mellett [mällätt]
Neffe unokaöccs [unokaötschsch]
nehmen fog [fog], vesz [wäss], visz [wis]
nennen hív [hihw], nevez [näwäs]
nervös ideges [idägäsch] → 72
nett kedves [kädwäsch]
neu új [uhj]
neugierig kíváncsi [kiwahntschi]
Neuigkeit újság [uhjschahg]
nicht nem [näm]
Nichte unokahúg [unokahuhg]
nichts semmi [schämmi], semmit (Akk.) [schämmit]
nie soha [schoho]
nieder, niedrig alacsony [ollottschonj]
niemand senki [schänki]
nirgends sehol [schähol]
noch még [mehg]
Norden észak [ehssock]
normal normális [normahlisch]
Notausgang vészkijárat [wehsskijahrott] → 23
Notbremse vészfék [wehssfehk] → 25
nötig szükséges [ssükschehgäsch]
Notrufsäule segélykérő telefon [schägehjkehröh täläfon] → 20
Nummer szám [ssahm]
nur csak [tschock]

O

ob hogy [hodj], vajon … -e [wojjon -ä]
oben fent [fänt], fenn [fänn]

Ober (Anrede) főúr [föhuhr] → 29
Obst gyümölcs [djümöltsch] → 38
oder vagy [wodj]
Ofen kályha [kahjho]
offen nyílt [njihlt], nyitott [njihtott]; (geöffnet) nyitva [njidwo]
öffentlich nyilvános [njilwahnosch]
öffnen (ki)nyit [(ki)njit]
Öffnungszeiten Nyitvatartási idő [njidwottorrtahschi idöh]
oft gyakran [djockronn]
ohne nélkül [nehlkül]
ohnmächtig werden elájul [älahjul]
Öl olaj [olojj] → 20, 32
Onkel nagybácsi [nodjbahtschi]
Optiker látszerész [lahtssärehss] → 51
Ort hely [häj] → 10
Ortschaft helység [häjschehg]
Osten kelet [kälät]
Österreich Ausztria [oisstrio]
Österreicher/in osztrák (ember)/nő [osstrahk (ämbär)/nöh]

P

Paar pár [pahr];
Päckchen csomag [tschomogg] → 78
packen csomagol [tschomoggol]
Paket csomag [tschomogg] → 78
Panne defekt [däfäkt] → 16, 20
Papiere papírok [poppihrok] → 20, 77
Park park [porrk]
parken parkol [porrkol] → 16
Paß útlevél [uhtläwehl] → 80
Passagier utas [utosch] → 23, 26
passieren történik [törtehnik]
Paßkontrolle útlevélellenőrzés [uhtläwehlällänöhrsehsch] → 80
Pension panzió [ponnsioh] → 53ff.
Person személy [ssämehj]
Personal személyzet [ssämehjsät]
Personalausweis személyi igazolvány [ssämehji igosolwahnj] → 80
Personalien személyi adatok [ssämehji oddottok] → 76, 80
Pfand betét [bäteht]
Pflanze növény [nöwehnj]
Pflicht kötelesség [kötäläschschehg]
Plattensee Balaton [bollotton]
Platz hely [häj] → 28
plötzlich hirtelen [hirtälän]
plus plusz [pluss]
Politik politika [politiko]
Polizei rendőrség [rändöhrschehg] → 76f.
Portier portás [portahsch] → 55
Postamt posta(hivatal) [poschta(hiwottoll)] → 78
Preis ár [ahr]
Priester pap [popp], lelkész [lälkehss]
Programm program [progromm], műsor [mühschor] → 63
Promille ezrelék [äsrälehk] → 20
Prozent százalék [ssahsollehk]
prüfen (kontrollieren) ellenőriz [ällänöhris]
pünktlich pontos (adj.) [pontosch], pontosan (adv.) [pontoschonn]
putzen (meg)tisztít [(mäk)tisstiht]

Q

Qualität minőség [minöhschehg]
Quelle forrás [forrahsch]
quittieren nyugtáz [njuktahs]

R

Rabatt árengedmény [ahrängädmehnj], rabatt [robbott]
radfahren kerékpározás [kärehkpahrosahsch] → 15ff., 63
Radio rádió [rahdioh]
Radioapparat → 55
Rand szél [ssehl], perem [päräm]
rasch (adj.) gyorsan [djorschonn], hirtelen [hirtälän]
Rasen pázsit [pahschit]
Raststätte pihenőhely [pihänöhhäj] → 20
raten tanácsol [tonnahtschol]
Rathaus tanácsháza [tonnahtschhahso] városháza [wahroschhahso] → 28
rauchen dohányzik [dohahnjsik]
Raucher dohányzó [dohahnjsoh] → 22, 23, 25
Raum helyiség [häjischehg], szoba [ssobo]
rechnen számol [ssahmol]
Rechnung számla [ssahmlo] → 30
Recht jog [jog]
recht haben igaza van [igoso wonn]
rechts jobbra [jobbro]
rechtzeitig időben (adv.) [idöhbän]
reden beszél [bässehl]
regeln szabályoz [ssobbahjos]
Regierung kormány [kormahnj]
regnen → 14
reich gazdag [gosdogg]
reinigen tisztít [tisstiht] → 55
Reise utazás [utosahsch]
Reisebüro utazási iroda [utosahschi irodo]
Reiseführer (Person) idegenvezető [idägänwäsätöh]; (Buch) útikalauz [uhtikollous] → 52
reisen utazik [utosik]
Reisepaß útlevél [uhtläwehl] → 77, 81
Reiseroute útvonal [uhtwonoll]
Reisescheck úticsekk [uhtitschäck] → 74
reklamieren reklamál [räklommahl] → 30, 54
Reparatur javítás [jowwihtahsch] → 16
Reservierung foglalás [foglollahsch] → 25, 29, 53
Rest maradék [morroddehk]
Restaurant étterem [ehttäräm] → 29ff.
retten (meg)ment [(mäg)mänt]
Rettungsboot mentőcsónak [mäntöhtschohnock] → 26
Rezeption recepció, porta [räzäpzioh, porto] → 53f.
richtig helyes [häjäsch]
Richtung irány [irahnj]
riechen: es riecht (nach) ... szagú [ssogguh]
Risiko kockázat [kozkahssott], rizikó [risikoh]
rot piros/vörös [pirosch/wörösch]
Route útvonal [uhtwonoll]
rückwärts hátra(felé) [hahtro(fäleh)]
rufen hív [hihw]
Ruhe nyugalom [njugollomm]

ruhig nyugodt [njugott]
rund kerek [käräk]

S

Saal terem [täräm]
Sache dolog [dolog]; (Angelegenheit) ügy [üdj]
sagen mond [mond]
Saison szezon [ssäson]
sammeln gyűjt [djühjt]
satt werden jóllakik [johllockik]; **ich bin ~** jóllaktam [johllocktomm]
Satz mondat [mondott]
sauber tiszta [tissto]
schade kár [kahr]
schaden kárt tesz [kahrt täss], árt [ahrt]
Schadenersatz kártérítés [kahrtehrihtehsch]
schädlich káros [kahrosch]
Schalter (Licht) kapcsoló [kopptscholoh]; (Post) ablak [obblock] → 22, 75, 78
schauen néz [nehs]
Scheck csekk [tschäck] → 74f.
schenken ajándékoz [ojjahndehkos]
Scherz tréfa [trehfo]
schicken küld [küld]
Schiff hajó [hojjoh] → 25f.
Schild tábla [tahblo]
schimpfen szid [ssid]; káromkodik [kahromkodik]
Schirm ernyő [ärnjöh] → 50
schlafen alszik [ollssik]
schlank vékony [wehkonj]
schlecht rossz (adj.) [ross], rosszul (adv.) [rossul]
schließen (be)zár [(bä)sahr]
Schloß (Gebäude) kastély [koschtehj] → 28; (Tür) zár [sahr]
Schlüssel kulcs [kultsch] → 54, 56, 77
Schmerzen fájdalom [fahjdollom], fájás [fahjahsch] → 68ff.
Schmuck ékszer [ehkssär] → 51
schmuggeln csempészik [tschämpehssik]
Schmutz piszok [pissok]
schmutzig piszkos [pisskosch]
schneiden vág [wahg]
schneien: es schneit havazik [howwosik]
schnell gyors (adj.) [djorsch], gyorsan (adv.) [djorschonn]
Schnellimbiß gyorsbüfé [djorschbüfeh]
schon már [mahr]
schön szép [ssehp]
schrecklich borzasztó [borsosstoh]
schreiben ír [ihr]
Schreibwaren → 52
schreien kiabál [kiobbahl]
Schrift írás [ihrahsch]
schriftlich írásban [ihrahschbonn]
schüchtern félénk [fehlehnk]
Schuh cipő [zipöh] → 50
Schuld (Sünde) bűn [bühn]; (Fehler) hiba [hibo]
schulden tartozik [torrtosik]
Schuß (Sport) lövés [löwehsch]
Schutz védelem [wehdäläm]
schwach gyenge [djängä]
Schwager sógor [schohgor]

92

Schwägerin sógornő [schohgornöh]
schwanger terhes [tärhäsch]
schwarz fekete [fäkätä]
Schweigen hallgatás [hollgottahsch]
Schweiz Svájc [schwahjz]
Schweizer/in svájci (ember)/nő [schwahjzi (ämbär)/nöh]
schwer nehéz [nähehs]
Schwester *(älter)* nővér [növwehr]; *(jünger)* húg [huhg]
schwierig nehéz [nähehs]
Schwimmbad fedett uszoda [fädätt ussodo] → 61
schwimmen úszik [uhssik] → 61
schwindlig werden szédül [ssehdül] → 68f.
schwitzen izzad [issodd]
See *(Meer)* tenger [tängär]
sehen lát [laht]
Sehenswürdigkeiten látnivalók [lahtniwollohk] → 27f.
sehr nagyon [nodjon]
sein *(poss. pron.)* övé [öweh], az ö ...ja/je [os öh ...jo/jä]
seit óta [ohto]
Seite oldal [oldoll]
Sekunde másodperc [mahschodpärz]
Selbstbedienungsladen önkiszolgáló üzlet [önkissolgahloh üslät]
selten ritkán [ritkahn]
senden *(schicken)* küld [küld]; *(Radio, Fernsehen)* közvetít [köswätiht]
Sendung *(Radio, Fernsehen)* adás [oddahsch]
servieren felszolgál [fälssolgahl]
setzen, s. leül [läül]
Sex szex [ssäkss]
sicher biztos *(adj.)* [bisstosch]
Sicherheit biztonság [bisstonschahg]
Sicherung *(el)* biztosíték [bisstoschihtehk] → 21
Sicht látási viszonyok [lahtahschi wissonjok]
sichtbar látható [lahthottoh]
sie ő [öh]
Sie Ön [ön], Maga [moggo]
singen énekel [ehnäkäl]
sitzen ül [ül]
so így [ihdj]; ~ **ein(e)** egy olyan [ädj ojonn]
sofort azonnal [osonnoll], rögtön [rögtön]
sogar sőt [schöht]
Sohn fia [fio]
sollen kell [käll]
Sonne nap [nopp] → 14
Sonnenbrille napszemüveg [noppssämüwäg] → 51
sonnig napos [nopposch] → 14
sorgen für gondoskodik (-ról/-ról) [gondoschkodik (-rohl/-röhl)]
Sorte fajta [fojto]
Spaß *(Scherz)* tréfa [trehfo]
spät késő *(adj.)* [kehschöh], későn *(adv.)* [kehschöhn]
später később [kehschöhbb]
spazierengehen sétál [schehtahl]
Speisekarte étlap [ehtlopp] → 29, 33ff.
spielen játszik [jahtssik]
Spielzeug játék [jahtehk]
Sport sport [schport] → 61
Sprache nyelv [njälw]
sprechen beszél [bässehl]
Staat állam [ahllomm]

Staatsangehörigkeit állampolgárság [ahllommpolgahrschahg]
Stadt város [wahrosch]
Stadtplan várostérkép [wahroschtehrkehp] → 52
Stadtrundfahrt városnézés [wahroschnehsehsch] → 27f.
stammen származik [ssahrmosik]
statt helyett [häjätt]
stattfinden van [wonn]
stechen szúr [ssuhr]
stehen áll [ahll]
stehenbleiben megáll [mägahll]
stehlen (el)lop [(äl)lop]
steigen emelkedik [ämälkädik]
steil meredek [märädäk]
Stein kő [köh]
Stelle *(Ort)* hely [häj]
stellen állít [ahllint]
Stellung állás [ahllahsch]
sterben meghal [mägholl]
Stern csillag [tschillogg]
Stil stílus [schtihlusch]
still csendes [tschändäsch]
Stimme hang [honng]
Stockwerk emelet [ämälät]
Stoff anyag [onnjogg]
stornieren lemond [lämond] → 22f.
Störung zavar [sowworr]
stoßen (meg)lök [(mäg)lök]
Strafe bírság [bihrschahg]
Strand strand [schtronnd] → 61
Straße út [uht], utca [uzzo] → 21, 76
Straßenkarte autótérkép [outohtehrkehp] → 21, 52
Strauß *(Blumen)* csokor [tschokor]
Strecke út (vonal) [uhd (wonoll)]
Strom *(Fluß)* folyam [fojomm]
Stück darab [dorrobb]
studieren tanul [tonnul]
Stuhl szék [ssehk]
Stunde óra [ohro] → 11f.
suchen keres [käräsch]
Süden dél [dehl]
Summe összeg [össäg]
Sumpf mocsár [motschahr]
Supermarkt ABC-áruház [ahbehzeh ahruhahs]

T

Tabak dohány [dohahnj] → 52
Tag nap [nopp]
Tankstelle benzinkút [bänsinkuht] → 15
Tante (nagy)néni [(nodj)nehni]
tanzen táncol [tahnzol] → 59
Tätigkeit tevékenység [täwehkänjschehg]
tauschen cserél [tschärehl]
täuschen, s. téved [tehwäd]
Taxi taxi [tockssi]
Teil rész [rehss]
teilnehmen részt vesz [rehsst wäss]
Telefon telefon [täläfon] → 79f.
telefonieren telefonál [täläfonahl] → 79f.
Temperatur hőmérséklet [höhmehrschehklät] → 14
Termin terminus [tärminusch], időpont [idöhpont]

93

teuer drága [drahgo]
Theater színház [ssihnhahs] → 60
tief mély [mehj]
Tier állat [ahllott]
Tisch asztal [osstoll]
Tochter lánya [lahnjo]
Tod halál [hollahl]
Toilette WC, vécé [wehzeh] → 54
Toilettenpapier vécépapír [wehzehpoppihr]
Ton *(Material)* agyag [odjogg]; *(Klang)* hang [honng]
Tonware agyagáru [odjoggahru]
Topf *(Koch~)* fazék [fosehk]
Töpferei fazekasság [fosäkoschschahg]
tot halott [hollott]
tragen hord [hord], visel [wischäl]
träumen álmodik [ahlmodik]
traurig szomorú [ssomoruh]
treffen találkozik [tollahlkosik]
Treppe lépcső [lehptschöh]
treu hű [hüh]
trinken iszik [issik] → 29ff.
Trinkgeld borravaló [borrowwolloh] → 32, 79
Trinkwasser ivóvíz [iwohwihs]
trotz ellenére [ällänehrä]
trotzdem mégis [mehgisch]
tschüß szia *(sg)* [ssio], sziasztok *(pl)* [ssiosstok] → 9
tun tesz [tåss], csinál [tschinahl]
Tunnel alagút [ollogguht]
Tür ajtó [ojjtoh]
typisch tipikus [tipikusch], jellemző [jällämsöh]

U

Übelkeit hányinger [hahnjingär] → 73
über *(durch)* át [aht], keresztül [kärässtül]; *(mehr als)* több mint [több mint]; *(oberhalb)* felett [fälätt]
überall mindenhol [mindänhol]
überfallen megtámad [mägtahmodd] → 76
überholen *(Verkehr)* előz [älöhs]
übernachten éjszakázik [ehjssockahsik] → 53ff.
überqueren átmegy [ahtmädj]
überrascht meglepődött [mägläpöhdött]
Übersee tengerentúl [tängäräntuhl]
übersetzen (le)fordít [(lä)fordiht]
überweisen átutal [ahtutoll] → 74
Ufer *(Fluß)* part [porrt]
Uhr *(Armband~)* óra [ohro]
Uhrzeit → 11
um *(herum)* körül [körül]
umarmen átölel [ahtöläl]
umbuchen átbukkol [ahtbuckol] → 23
Umleitung terelőút [tärälöhuht] → 21
umsonst *(gratis)* ingyen [indjän]
umsteigen átszáll [ahtssahll]
umtauschen átvált [ahtwahlt] → 74f.
Umwelt környezet [körnjäsät]
umziehen *(Wohnung)* költözik [költösik]; s. ~ átöltözik [ahtöltösik]
unbedingt *(adv.)* feltétlenül [fältehtlänül]
unbekannt ismeretlen [ischmärätlän]
und és [ehsch]
Unfall baleset [bolläschät] → 17

unfreundlich barátságtalan *(adj.)* [borrahtschschahgtollonn], barátságtalanul *(adv.)* [borrahtschschahgtollonnul]
Ungar/in magyar (ember)/nő [modjorr (ämbär)/nöh]
ungarisch magyar [modjorr]
Ungarn Magyarország [modjorrorssahg]
ungefähr körülbelül [körülbälül]
ungern nem szívesen [näm ssihwäschän]
ungewiß bizonytalan [bisonjtollonn]
Unglück szerencsétlenség [ssäräntschehtlänschehg]
unglücklich szerencsétlen [ssäräntschehtlän]
ungültig érvénytelen [ehrwehnjtälän]
unhöflich udvariatlan *(adj.)* [udworriottlonn], udvariatlanul *(adv.)* [udworriottlonnul]
Unkosten költség(ek) [költschehg(äk)]
unmöglich lehetetlen [lähätätlän]
unruhig nyugtalan *(adj.)* [njugtollonn], nyugtalanul *(adv.)* [njugtollonnul]
uns minket/bennünket *(Akk.)* [minkät/bännünkät], nekünk *(Dat.)* [näkünk]
unschuldig ártatlan *(adj.)* [ahrtottlonn], ártatlanul *(adv.)* [ahrtottlonnul]
unser, e mienk [miänk], a mi ...nk [o mi ...nk]
unter alatt [ollott]
unterbrechen megszakít [mägssockiht]
Unterführung aluljáró [olluljahroh]
Unterhaltung *(Gespräch)* beszélgetés [bässehlgätehsch] → 59f.
Unterkunft szállás [ssahllahsch] → 53ff.
Unterschied különbség [különbschehg]
Unterschrift aláírás [ollahihrahsch] → 74f.
Untersuchung vizsgálat [wischgahlott]
unterwegs útközben [uhtkösbän], úton [uhton] → 15
Urlaub szabadság [ssobboddschschahg]
Ursache ok [ok]
urteilen ítél [ihtehl]

V

Vater (édes)apa [(ehdäsch)oppo]
Verabredung randevú [ronndäwuh] → 8f.
verabschieden, s. búcsúzik [buhtschuhsik]
verändern megváltoztat [mägwahltostott]
Veranstaltung rendezvény [rändäswehnj] → 60
Veranstaltungskalender rendezvénynaptár [rändäswehnjnopptahr] → 60
verbieten megtilt [mägtilt]
Verband kötés [kötehsch] → 73
Verbindung összeköttetés [össäköttätehsch]; kapcsolat [kopptscholott] → 79f.
verboten! tilos! [tilosch]
verdienen keres [käräsch]
verdorben romlott [romlott]
vereinbaren megegyezik [mägädjäsik], kitűz [kitühs]; *(Termin)* megbeszél [mägbässehl], egyeztet [ädjästät]
Verfassung *(Grundgesetz)* alkotmány [ollkotmahnj]; *(Zustand)* állapot [ahlloppot]
Vergangenheit múlt [muhlt]
vergessen elfelejt [älfäläjt]
Vergewaltigung erőszakoskodás [äröhssockoschkodahsch] → 77

94

DEUTSCH-UNGARISCHES WÖRTERBUCH

Vergiftung mérgezés [mehrgäsehsch] → 73
Vergnügen szórakozás [ssohrockosahsch]
  → 59f.
verheiratet (mit) házas (-val/-vel) [hahsosch
  (-woll/-wäl)] → 81
Verhütungsmittel óvszer [ohfssär]
verirren, s. eltéved [ältehwäd]
Verkauf eladás [äloddahsch]
Verkehr forgalom [forgollom], közlekedés
  [kösläkädehsch]
Verkehrsbüro idegenforgalmi iroda
  [idägänforgollmi irodo]
verlängern *(zeitlich)* meghosszabbít
  [mäghossobbiht]
verlieren elveszt [älwässt]. **Öl** ~ csöpög az
  olaj [tschöpög os oloij] → 75, 77
verloben eljegyez [äljädjäs]; **s.** ~ **(mit)** eljegyzi
  magát (-val/-vel) [äljädjsi moggaht (-woll/-wäl]
Verlobte, der vőlegény [wőhlägehnj], **die** ~
  menyasszony [mänjossonj]
Verlust veszteség [wässtäschehg]
vermieten kiad [kiodd] → 17, 56f.
versäumen *(verpassen) (Gelegenheit)* elsza-
  laszt [älssollosst]; *(Zug)* lekés [läkehsch]
verschieben *(zeitlich)* elhalaszt [älhollosst]
verschieden különböző [különbösöh]
verschreiben felír [fälihr] → 69, 73
Versehen tévedés [tehwädehsch]; **aus** ~ téve-
  désből [tehwädehschböhl]
Versicherung biztosítás [bistoschihtahsch]
  → 17
verspäten, s. késik [kehschik]
Versprechen ígéret [ihgehrät]
verständigen értesít [ehrtäschiht]
verstehen (meg)ért [(mäg)ehrt]
versuchen megkísérel [mäggihschehräl], meg-
  próbál [mägprohbahl]
Vertrag szerződés [ssärsöhdehsch]
verunglücken balesetet szenved [bolläschätät
  ssänwäd]
verwandt rokon [rokon]
verwechseln összetéveszt [össätehwässt]
Verzeichnis jegyzék [jädjsehk]
verzeihen megbocsát [mägbotschaht]; ~ **Sie!**
  bocsásson meg! [botschahschschon mäg]
verzollen elvámol [älwahmol]
viel sok [schok], sokat *(Akk.)* [schokott]
vielleicht talán [tollahn]
Visum vízum [wihsum] → 80
Volk nép [nehp]
voll tele [tälä]
Vollpension teljes panzió [täljäsch ponnsioh]
  → 56
vor *(räumlich)* előtt [älöhtt]
Voranmeldung előre bejelentkezés [älöhrä
  bäjäläntkäsehsch] → 58
voraus, im ~ előre [älöhrä]
vorher előtte [älöhttä], azelőtt [osälöhtt], elő-
  re [älöhrä]
vormittags délelőtt [dehlälöhtt] → 12
Vorname keresztnév/utónév
  [kärässtnehw/utohnehw] → 81
Vorort külváros [külwahrosch]
Vorsaison előszezon [älöhssäson] → 56
Vorschrift előírás [älöhihrahsch]
Vorsicht! Vigyázat! [widjahsott]
Vorstellung *(Theater)* előadás [älöhoddahsch]
  → 6; → 60
Vorverkauf elővétel [älöhwehtäl] → 60

Vorwahlnummer előszám [älöhssahm] → 80f.
vorziehen *(lieber mögen)* jobban szeret
  [jobbonn ssärät]

W

wählen *(auswählen)* választ [wahlosst]; *(Tele-
fon)* tárcsáz [tahrtschahs] → 80
wahr igaz [igos]
während *(prp)* alatt [ollott]
wahrscheinlich valószínű [wollohssihnüh]
Währung valuta [wolluto] → 75
Wald erdő [ärdöh] → 28
Wanderkarte turistatérkép [turischtottehrkehp]
  → 52
Wandern gyalogtúrázás [djollogtuhrahsahsch]
  → 64
warm meleg [mäläg] → 14
warnen (vor) figyelmeztet (-ra/-re)
  [fidjälmästät (-ro/-rä)]
warten (meg)vár [(mäg)wahr]
Wartesaal váróterem [wahrohtäräm] → 25
Wartezimmer váróhelység [wahrohhäjschehg]
  → 68
was mi [mi], mit *(Akk.)* [mit]; ~ **für eine** mi-
lyen [mijän]
waschen mos [mosch]
Wasser víz [wihs] → 32, 56
wechseln *(Geld)* (be)vált [(bä)wahlt]
wecken ébreszt [ehbrässt]
Weg út [uht]
weg el [äl]
wegen miatt [miott]
weggehen elmegy [älmädj]
Wegweiser útjelző [uhtjälsöh] → 21
weh tun fáj [fahj]
weiblich női(es) [nöhi(äsch)]
weich puha [puho]
weigern, s. vonakodik [wonockodik]
weil mert [märt]
Weinberg szőlőhegy [ssöhlöhhädj]
weinen sír [schihr]
weiß fehér [fähehr]
weit *(Gegenteil von eng)* bő [böh]
Welt világ [wilahg]
wenig kevés [käwehsch], keveset *(Akk.)*
  [käwäschät]
wenigstens legalább [lägollahbb]
wenn *(Bedingung)* ha [ho]
werden lesz [läss]; fog [fog]
Werkstatt (javító-)műhely, szerviz
  [(jowwitoh)mühhäj, ssärwihs] → 16
werktags munkanapokon [munkonnoppokon]
Wert érték [ehrtehk]
Westen nyugat [njugot]
Wetter idő [idöh] → 14
wichtig fontos [fontosch]
wie *(Frage)* hogyan [hodjonn], milyen
  [mijän]
wieder megint [mägint], újra [uhjro]
wiederholen megismétel [mägischmehtäl]
wiederkommen visszajön [wissojön]
wiedersehen, s. viszontlát [wissontlaht], újra
  lát [uhjro laht]
wiegen megmér [mägmehr]
Wiese rét [reht]
Wild vad [wodd]

wir mi [mi]
Wirt vendéglős [wändehglöhsch]
Woche hét [heht] → 12f.
wohnen lakik [lockik]
Wohnort, ~sitz lakóhely [lockohhäj] → 81
Wohnung lakás [lockahsch]
wollen akar [ockorr]
Wort szó [ssoh]
wünschen kíván [kihwahn]
wütend dühös [dühösch]

Z

Zahl szám [ssahm] → vordere innere Umsch-
lagseite
zahlen *(rechnen)* számol [ssahmol]; *(bezah-
len)* fizet [fisät]
Zahlung fizetés [fisätehsch] → 75
Zahnarzt fogorvos [fogorwosch] → 69
zeigen (meg)mutat [(mäg)mutott]
Zeit idő [idöh]; **eine ~lang** egy ideig [ädj
idäig] → 11ff.
Zeitschrift folyóirat [fojohirott] → 52
Zeitung újság [uhjschahg] → 42, 52

Zentrum *(Stadt)* városközpont
[wahroschköspont]
zerbrechlich törékeny [törehkänj]
zerstören elpusztít [älpusstiht]
Zeuge tanu [tonnu]
ziehen húz [huhs] → 73
Ziel cél [zehl]
Zigarette cigaretta [zigorrätto] → 52
Zimmer szoba [ssobo] → 53ff.
Zoll vám [wahm] → 80
zornig haragos [horroggosch]
zu *(Richtung)* -hoz/-hez/-höz [-hos/-häs/-hös]
zufrieden elégedett [älehgädätt]
Zug vonat [wonott] → 24f.
zumachen becsuk [bätschuk]
zurück vissza [wisso]
zusammen együtt [ädjütt]
zusätzlich pót(lólagos) [poht(lohloggosch)]
zuschauen néz [nehs]
Zuschlag pótdíj/felár [pohtdihj/fälahr] → 25
zuschließen bezár [bäsahr]
zuständig illetékes [illätehkäsch]
zuviel túl sok [tuhl schok]
zweifeln an kételkedik -ban/-ben [kehtälkädik
-bonn/-bän]
zwischen között [kösött]